任性出版

# 你漏財了！

# 用錢致富的底層邏輯

漏財≠很會花。
從消費到投資，有錢人想的、做的
跟你哪裡不一樣！

財經作家，
澳洲資深註冊會計師、美國註冊管理會計師
謝宗博──著

目次

推薦序一　你真的漏財了嗎？／A大（ameryu）　007
推薦序二　財務認知，才是真正決定富有的關鍵／雨果　011
前　言　你的財庫漏水了嗎？　015

第1章　用錢致富的底層邏輯　023
1 為什麼賺了錢，卻越來越不快樂？　025
2 人掙錢，永遠趕不上錢生錢　028
3 新時代的稀缺資源：流量　035
4 我很勤勞，為何還是沒錢？　039
5 人工智慧會讓我失業嗎？　048
6 出國坐頭等艙，就是漏財？　056

第2章　漏財，是因為你誤解了價值的本質　061
1 水不可或缺，但為何鑽石比水貴？　065

2 黃金只是延續五千年的泡沫 069
3 孫悟空為什麼只能當個弼馬溫？ 076
4 怎麼創造自我價值？學歷只是其一 080

第3章 陷入價格陷阱，所以你漏財 089
1 誰決定價格？最有需求的人決定 091
2 買金豆當投資，可行嗎？ 095
3 優惠券的設計為何那麼複雜？ 102
4 免費，其實是讓你用別的方式付費 107
5 會員制超市，誰賺誰虧？ 113

第4章 計算成本，比算收益更重要 119
1 失去的機會，也是成本 121
2 人性的損失規避：可以不賺，但不接受吃虧 125

3 花時間，還是花錢？先算時間成本 130
4 網路越發達，資訊成本越高 137
5 原料成本不到五成，iPhone為何這麼貴？ 150
6 人生中最大的成本：做決策 155

第5章 對投資有誤解，才會被「割韭菜」 161
1 保值，是要保住你的購買力 165
2 增值，是要增長你的財富排名 170
3 找到財富的錨定物，才能保值與增值 173
4 我不懂投資，可以怎麼做？ 177
5 沒錢投資？先投資自己 186

第6章 逃避風險，也等於遠離收益 191
1 牛市，是普通投資者虧損的原因 195

2 不冒險就沒風險？但回報也沒了 200
3 猶太人的致富金律：錢是從流通中賺來 206
4 雞蛋該不該放同一個籃子？ 213
5 保險從沒用到，還要繼續買嗎？ 218
6 你最重要的資本，生命與健康 222

第7章 理解機率，正確看待人生可能性 227
1 輟學去創業？別落入倖存者偏差 231
2 大數定律：別把自己「外包」給運氣 238
3 中獎率比被雷打到還低，你還是要買？ 247
4 想成功，得找到成功機率高的因素 254

第8章 人生最佳解，答案在博弈裡 261
1 囚徒困境：最後每個人的利益都遭殃 265

2 傻不可怕，可怕的是當最後一個傻子 271
3 重複博弈：好人有好報，但老好人沒好報 278
4 合作要利己又利他，才能長久 285

第9章 怎麼選擇，也是一種能力 293
1 不是非此即彼，而是多一點或少一點 297
2 路徑依賴：結果在開始那一刻就已注定 305
3 我該提前還房貸嗎？用SWOT分析 312
4 朋友找我借錢，該借嗎？人情債的成本 319

結　語 所有糾結於選擇的人，內心早就有答案 323

推薦序一

# 你真的漏財了嗎？

《A大的理財金律》作者／A大（ameryu）

先講重點：本書最與眾不同的地方，在於它將「時間價值」與「幸福感」量化，再加入機會成本的概念，放到財富的天秤上做比較。作者提出了幾個觀點，我非常認同：

**●享受了我想要享受的，這就不是漏財。**

錢沒有不見，它只是轉化成「你喜歡的東西」或是「幸福感」，留存在記憶中。像是聽張惠妹或周杰倫的演唱會，或任何你熱愛的偶像歌手的現場表演；又或是搭乘頭等艙出國旅行——雖然前世界首富比爾．蓋茲（Bill Gates）曾問：「搭頭等艙會比較快到嗎？」但重點不在於速度，而是在那段旅程中你是否有盡情享受、留下難忘回憶。不是所有事情都該用結果來評斷，過程的價值同樣重要。

● **漏財，未必是講亂花錢的行為，而是不經意多花的冤枉錢。**

例如，你買了很多線上課程與暢銷書，卻因為生活與工作太過忙碌而無暇吸收，任由它們積灰塵，這就是一種「看不到的浪費」——你本該享受到的價值，卻未能真正兌現，這才是漏財的真意。

● **生活中的「能省則省」，是防漏財的智慧，而不是摳門。**

比方說，購買機票時稍加研究航空公司的售票機制，有機會用經濟艙價格買到頭等艙座位，省下的，可能是體力與金錢的雙重成本。

● **計算時間成本，可幫你做出該「花時間做」還是「花時間買」的理性決策。**

書中舉了一個簡單但經典的例子：若你每日通勤須一小時，而搬到公司附近每月須多支出兩千元的房租，該怎麼選？作者用「將時間價值量化為金錢」的方式，幫助我們理性決策——也就是把通勤時間轉換為你每小時的工資，再將兩者做比較。每天多出將近兩小時的時間，你可以選擇多睡三十分鐘，或學習人工智慧（Artificial Intelligence，縮寫為ＡＩ）技術以提升工作效率，減少生活中的時間貧困感。若把多出的時間用來持續學習，你所累積的知識厚度，將會決定未來人生的財富高度。

以經濟學結合生活哲學探討「理財」與「漏財」，是本書的一大特色。書中簡單清楚的說明「時間也是一種金錢」，更是機會成本的一環。

建議你在閱讀本書時不要急著翻頁，而是將每個章節的觀點對照自己的生活，停下來想一想自己是否有漏財的狀況，如果有，又該怎麼把偷偷溜走的財富慢慢找回來。

例如：媽媽煮飯時突然發現醬油用完了，要你趕快去買。同樣一款醬油，巷口便利超商一瓶賣六十五元，而騎車單趟十分鐘的大賣場只賣五十五元。如果有事先規畫，當然能省下這十元；但若已是緊急需求，與其計較金錢的損耗，不如選擇時間成本最低的解法，這才是兩全的防漏財思維。

願你在閱讀本書的過程中，能獲得滿滿的防漏財知識。

推薦序二

# 財務認知，才是真正決定富有的關鍵

《ETF存股》系列作者／雨果

許多人認為，漏財是因為不良的消費習慣，例如愛買名牌、沉迷網購或衝動消費。然而，本書作者指出，**真正的漏財並不是源於花錢習慣，而是因為我們對財富的認知不夠完整，導致財富無聲無息的流失**。

因此，我們要先釐清什麼是財？金錢本身並不等於財富，而是價值的交換媒介。真正決定一件物品價值的，是它的稀缺性。例如，水雖然不可或缺，但因為供應充足，所以價格低廉；而鑽石雖非生活必需品，卻因為稀缺而價格昂貴。理解這點，就能幫助我們判斷哪些投資標的是「真正的財富」，哪些只是短暫的市場泡沫。

我們常被「優惠」吸引，以為自己賺到了好價格，卻忽略商家的訂價策略。例如，免費試用的應用程式可能會自動續訂、超市的會員制讓消費者花更多錢囤積不必要的商品等，這些都是價格陷阱，讓我們在無形中多花了冤枉錢。我們要懂得區分「價格」與「價值」，才能避免因為誤判價格而漏財。

**大多數人只關心賺多少，卻忽略了財富累積的最大敵人——成本**。這些成本不僅包括金錢成本，還包括時間成本、機會成本、決策成本等。例如，有些人為了省錢選擇自己動手做某些事，卻忽略了這段時間本可用來創造更高的價值。此外，網路雖然讓資訊更易取得，但我們在篩選資訊時所花的時間與精力，也是一種成本。

許多人因為害怕風險而不敢投資，結果導致資產無法增值，甚至因通貨膨脹而縮水。書中強調，「保值」的關鍵是確保你的購買力不被通膨侵蝕，而「增值」則是提升你的財富排名。在投資世界裡，高收益一定伴隨著高風險，但沒有風險，也意味著沒有機會賺錢。比方說，現金放在銀行看似安全，實際上會因通膨而貶值，錢反而縮水。若不熟悉投資怎麼辦？作者建議從投資自己開始，提升自身專業技能與市場競爭力，這才是風險最低、回報最高的投資方式。

最後作者提到，**所有財富的累積，都來自於一連串的正確選擇**。例如是否提前還房貸、是否借錢給朋友，這些決策的本質在於理解風險與回報，並根據自身情況做出最佳選擇。書中分析了「路徑依賴」對人生財富的影響，許多財務狀況其實在一開始的選擇就已經決定。

**本書不只是一本理財書，而是一堂結合經濟學、行為心理學與投資策略的財務思維課**。對於想改善財務狀況的人，這本書能幫助你找到真正的漏財原因，讓金錢不再無聲流失；對投資感興趣但缺乏方向的人，本書有基礎的投資觀念，能幫助你建立長期穩健的財務計畫；希望提升財商（按：Financial Quotient，指個人財務管理能力和技能，包括理解、運用和管理金錢的能力，以及財務決策的判斷力等）的人，則能透過本書談及的經濟學知識，幫助你提升決策能力，讓每一分錢都發揮最大價值。

本書的最大價值，在於讓讀者意識到，漏財不單純是源於消費習慣，而是財務認知的問題。提升自己的財務知識，我們才能真正擁有穩定且可持續成長的財富。想改變財務狀況，不妨就從本書開始！

前言

# 你的財庫漏水了嗎？

刷信用卡消費，選擇分期付款，會漏財嗎？

學別人炒黃金，買了一堆小金豆（按：多為重量一公克，鎔鑄成如豆子般圓潤的黃金。由於購入價較低，在中國年輕人之間掀起投資熱潮），會漏財嗎？

買了很多年的意外險，從來沒用到，是漏財嗎？

下載免費試用的應用程式，忘了解除到期自動扣款，是漏財嗎？

我經常被問到此類問題。網路上也充斥著各種標題為「害你漏財的十個習慣」、「八個祕訣改變你漏財的習慣」等的文章，其給出改正習慣的方法更是千奇百怪，不乏坐著不抖腳、善待招財植物之類的玄幻奇招。

漏財，以及如何避免漏財，在當前這個時期，似乎成了年輕人最關心的話題。於是，編輯請我寫一本關於「漏財」的書，從經濟學的角度分析，如何養成好的習慣，以防止漏財。

我思索良久，接下這個任務。經過兩個多月痛苦的資料準備，卻發現實在無從下手，因為生活中會導致漏財的行為太多了，沒辦法一一窮舉並給出建議。

即使整理、歸納一些典型的做法，那又如何？只不過是避免某些具體行為的影響罷了，還是無法從根本上規避漏財。

正當我準備找理由「開溜」時，才突然領悟：**讓你漏財的，根本就不是習慣！**

為什麼這麼說？

相信你也看過這樣的數學題：一個蓄水池，進水口五個小時可以讓池子蓄滿水，出水口三個小時可以排完水，請問進出水口同時打開的情況下，滿池的水多久能排完？

讀到這裡，你是不是已經開始計算了？不過，怎麼算、答案是什麼都不重要，我們在這裡不談數學，算對算錯無所謂。

如果將這個概念運用到個人或家庭的開銷上，相信你很容易聯想到，這個蓄水池其實就是自己的「財庫」，進水口是收入，出水口是支出，進進出出，湧動不止。

如果出水口的流速明顯大於進水口，就是漏財嗎？

我的答案是：不是。這個被設定好的出水口，是我們人生中必然的開支，都是我們自主決策的，即使不見得是生活必需，哪怕開支大於收入，最多只能說是入不敷出，並不能說是漏財。

很多人經常疑惑：我喜歡買名牌包是漏財嗎？喜歡花錢聽昂貴的演唱會是漏財嗎？出行必坐商務艙是漏財嗎？

在經濟學中，有個名詞叫作「心理帳戶」，每個人的消費觀不同，看重的消費習慣不同，即使是生活比較奢侈，只要花出去的錢為自己帶來回報，讓自己覺得這筆錢花得值得，那就無可非議。

例如：買名牌包讓自己能夠更有動力賺錢，聽演唱會讓自己心情愉悅，坐商務艙使自己能保持良好的精神等，花這些錢自己覺得值得就行。別人可以說他花錢大手大腳、不懂勤儉節約、存不了錢，但「有錢難買他開心」，這些錢對於他來說花得值得、花得有回報，這就不能算漏財。

接下來換個角度：怎麼樣才算是漏財？

**蓄水池破裂，水悄無聲息漏掉，沒有為我們的生活帶來任何好處。這種流失，才是漏財。**

舉例而言，每年春節，來回三亞（按：位於海南島最南端，為中國熱門的旅遊城市）的機票都很貴，若不提前訂票，等到回程才發現只剩下高價的頭等艙機票。因為缺少對機票定價規律的認知，導致平白多花的這幾千元，就是漏財。

再舉幾個例子：買來的衣服從沒穿過，健身房繳年費卻沒去過幾次，因為不懂投資被「割韭菜」（按：形容在股市被大戶欺壓的散戶，亦比喻憑藉資訊不對等而處於優勢地位的人剝削劣勢地位的人）等，這些流失的金錢沒有為你帶來任何回報，不論是物質或精神上都沒有實現消費的價值，就如同你財庫上有滲水處，悄無聲息的漏財。

你一定很想問：該如何堵住這些漏財的缺口呢？

你也許期待這本書能幫你找到最快捷的漏水探測器、以絕後患的修補劑。不過，這其實就只是想透過改正生活習慣防止漏財而已。

然而，一位精通園藝的設計師告訴我，漏水真正的解決方案，是從蓄水池材質及所處地質著手，查找漏水的原因，而不僅是堵漏。如果只是簡單的堵一下、補一下，這個蓄水池的其他地方還會一直出現新的漏水口。總是等水漏完了再補救，何時才是盡頭？

他這段話帶給我極大的啟發：蓄水池出現一處處漏水，是補漏重要，還是找到出現漏水的原因更重要？是三不五時的檢查、做防漏工程有效，還是徹底重建一個不會再漏的蓄水池有效？

人生的財庫，也是如此。

總是漏財，你當然可以怪罪於商家太壞、誘惑太大，但自己的財庫還是要自己守護，**只有提高自己對財富、投資、風險等一系列因素的認知，才能構築起堅固的財庫，防範漏財發生**。

更進一步來看，漏財不僅表現在財富的白白流失。如果因為自己對理財認知不足，錯失了投資機會，甚至被誤導而錯誤投資，本來可以增加流量的進水口不僅沒有新的入帳，反倒讓它萎縮了，這是不是也是財富的流失？

所以，**漏財的根本原因不在於你花錢的習慣，而是因為你沒算清人生的這本帳**：你這個人就像是一間獨資公司，收入來自哪裡？有哪些成本？收益如何持續流入？遇到風險如何應對？責任如何承擔？怎麼選擇自己的主要業務？業務怎麼才能持續並發展壯大？時代改變了你如何不被拋棄？

你或許聽過這句話：**你永遠賺不到超出你認知範圍的錢，除非靠運氣；但靠運氣賺到的錢，最後往往又會靠實力虧掉**，這是一種必然。

這個社會最大的公平，就在於當一個人的財富大於自己認知時，社會有一百種方法收割你，直到你的認知和財富相匹配為止。

也就是說，**提升自己的認知，才是防止漏財的最好方式**，才能從源頭免繳「財商稅」（按：化用自網路流行語「智商稅」，指由於購物時缺乏判斷能力，導致花了冤枉錢。此處「財商稅」指缺乏對於財富的認知，而導致不必要的金錢損失），甚至能幫助自己擴大進水口，實現財富收支平衡，甚至達到財富自由的境界。

當你有了足夠認知，自然也就不再漏財了；當你避免漏財的習慣，財富也就自然累積起來了。

因此，本書並不會教你太多防止漏財的小訣竅。我知道，你或許是想學到一些防止漏財的辦法而翻開本書，但我想要實現的不僅於此。

很多讀者拿著我的書、找我簽名時，我總喜歡寫這句話給他們：學不為術。

他們問我：「學不為術」是什麼意思？它的意思是說，我們學習知識，不只是為了掌握一個馬上就能用的方法或技藝。比方說我們學經濟學，不是為了學到馬上就可以用來賺大錢的具體方法——事實上也沒有這種方法，投資失敗、甚至為之傾家蕩產的經濟學家也並不在少數。

學習不是為了術，應該為了什麼呢？

術，對應的是道。出自老子《道德經》裡的「道法術」：道，是規則、自然法則，上乘；法，是方法、法理，中乘；術，是行為、方式，下乘。學習知識，應該是為了提升自己的認知。例如本書所闡述的九個與「財」有關，更與「認知」有關的觀念，就是希望可以向你介紹經濟學、金融學的基本規律，幫助你正確看待、認知經濟世界的運行規律，從而運用好這些規律，為自己的人生「添水添財」。

所以，你也可以說，這是一本「偽裝」成理財書的認知書。幸好，這不過就是讓你花幾百元的費用，更何況讀完之後，也許你就能堵上財庫的縫，這就算不上漏財。

期待我的願望成真，也期待你的願望成真。

第 1 章

# 用錢致富的底層邏輯

既然要講漏財，我們面臨的第一個問題就是：什麼是財？

財富，大眾普遍的認知就是錢。

但錢是什麼？是銀行帳戶的數字，還是你手上那些紙鈔、硬幣？

錢只是財的一種表現。帳戶裡有一百萬元，這是我擁有一百萬元財富的表現；手裡有一百元的紙鈔，這是我擁有一百元的表現。

為什麼財富要用錢來表現？因為我們有交換的需要。我們無法直接以勞動滿足所有需要，所以就先用勞動換錢，例如在公司裡工作，從老闆手裡換來薪資。接著，再用錢換漂亮的衣服，或一趟期待已久的旅行。

這樣來看，錢究竟是什麼？錢只是幫助財富交換的一種工具罷了。

# 1 為什麼賺了錢，卻越來越不快樂？

這個世界上，資源永遠不夠用，每個人都在努力占有更多的資源。

為什麼這麼說？

小時候，我對幸福人生的期待就是穿好看的衣服、有更多的玩具。我以為，當自己長大能賺錢了，就可以擁有自己想要的所有東西，等到那時候，這個世界就完美無瑕，生活就再也無欲無求。

長大之後，我覺得還需要賺更多的錢，買房、買車、養家糊口才沒壓力，想買什麼就買，不想工作就辭職或到處旅遊。這樣的日子，想想都覺得很爽。

於是，我們很輕易的得出這樣的結論：只要賺到大錢，就能過得很快樂。

但是，真的賺到錢了，是不是就快樂了呢？我不知道，我只能猜測。我有個朋友具備能隨時飛去倫敦的財力，也坦承自己花了很多年才擺脫憂鬱症的陰霾。

你看，當我們長大了，能力越大，欲望卻也越多，永遠沒有滿足的盡頭。

所以，「只要得到了〇〇，我就會很滿足」的想法，本質上都是一種妄想、妄念。因為得到之後，我們就會發現，滿足感其實很短暫，甚至只是一瞬間，很快便沒有了。而接下來，我們又會產生新的、更大的欲望。

這也是為什麼很多人都說，自己以前月入人民幣五、六千元（按：約新臺幣兩萬兩千元至兩萬七千元。人民幣一元約為新臺幣四．五元）的時候，雖然手頭並不寬裕，週末想吃頓好料犒勞自己都得考慮半天，但每天都過得很充實、很開心；而現在月入人民幣四、五萬元，房子、車子都買了，卻感受不到以前那種快樂。

不管經濟多麼發達，物質供應多麼豐富，我們始終都有新的需求湧現。也就是說，**不管是社會還是個人，我們擁有的資源永遠都無法滿足自身期待**。

資源無法滿足人的需求，導致了古往今來的每個人每天都為它煩惱。

唐代詩人杜甫曾在〈茅屋為秋風所破歌〉裡呼喊：「安得廣廈千萬間，大庇天下寒士俱歡顏，風雨不動安如山。」廣廈，就是寬敞的房子。這麼多年過去了，現今許多到大都市打拚的年輕人，仍然為了住進寬敞明亮的房子而辛苦工作。對許多家庭來說，他們往往需要省吃儉用很多年，才能買得起這樣的房子。可見，這「廣廈」是持續稀缺的資源。

為什麼我們努力了那麼多年，依然無法解決資源的稀缺問題？因為人類的欲望無限，而資源有限，所以才有了資源的爭奪。

印度聖雄甘地（Mohandas Gandhi）曾說：「**地球能滿足人類的生存，但永遠滿足不了人類的欲望。**」從本質上來說，人類幾千年的文明史，就是一部資源的爭奪史。從土地、水源、礦產等自然資源，到人口、技術、教育、醫療等社會資源，我們能想到、能看到的每一樣有價值的東西，都是被爭奪的資源，沒有例外。

歷史上發生過無數次大大小小的戰爭，幾乎每場戰爭都是為了爭奪資源而生。國與國之間、階層與階層之間、組織與組織之間、人與人之間，處處都在爭奪資源。只不過在和平時期，我們稱這種資源爭奪為「競爭」。

## 2 人掙錢，永遠趕不上錢生錢

曾經的世界首富比爾．蓋茲，外界計算他的財富有幾千億美元，但他擁有的只是帳戶裡的這個數字嗎？不是，是他對資源的占有。大家可能很少注意到，比爾．蓋茲早已不是世界首富，而是成了美國最大的地主。

大約自二〇一〇年代起，比爾．蓋茲和前妻梅琳達（Melinda）在美國十九個州購買超過二十四．二萬英畝（約九百七十九．三平方公里）的農田，以及二．七萬英畝（約一百零九．二平方公里）的休閒用地和其他土地，總面積近二十七萬英畝（約一千零九十二．七平方公里），接近整個紐約市的總和。至此，比爾．蓋茲成為美國最大的私人農田所有者。

不論是金錢或土地，都是資源，都是財富。雖然比爾．蓋茲的帳面現金少了，但他占用資源的形式變得更多了。

## 房子為什麼貴？貴在它占用的其他資源

資源的多寡需要衡量，而錢就是最主要的衡量手段。

我們為什麼願意購買奢侈品？奢侈品帶來的是信任，是品質的保證、時尚的保證，你不需要再挑選、驗證，這就是品牌資源在人心中的位置。

如果要買房子，大眾多半想買什麼樣的房子？答案大概都是面積大、地理位置好、設備先進。為什麼會有這些要求？因為這些都代表著占用更多的社會資源：面積大，是占用了更多的空間；地理位置好，代表占有稀缺的地段；設備先進，則是占用了現代的新型資源。

我們所有的行為，都是在有意無意中追求占用更多的資源。

整個社會中，資源是多元、多樣的。例如，僅僅一間房子，它所占用的資源就包含了空間資源、地段資源、建築資源等。如何衡量你占用了多少資源？最簡單、快捷的方法就是以金錢為標準。

透過價格，就能展現出人們對其占用資源的價值評估。**大家都想要擁用的資源，價格自然就會上漲；當某類資源太多了，需求降低，它的價格就會下跌。**

這麼看來，上海濱江（按：上海黃浦江畔的區域）的豪宅，為什麼售價動不動就是人民幣破億元，也就能理解了。

上海的房子與山區的房子價值不同，是因為上海的房子更優質嗎？外灘那些售價人民幣破億元的房子，實際上造價不過百萬元而已，為什麼價值那麼高？是因其占用周邊相關資源的價值，例如便利的交通、周邊設施的使用權、方便找到高薪工作的機會、漂亮的環境等。**這些資源並不屬於房子，卻因你擁有這個房子的所有權而獲得，這就是資源的占用**。

上海房價居高不下，其實就貴在資源。這些資源到底應該值多少錢？我身邊幾乎所有人都說：「北京、上海房價太貴了，買不起。」但為什麼價格雖然偶有波動，整體還是一直上漲？房價到底由誰決定？換句話說，上海的房價到底應該多高？

很多人都以為，這應該由上海的平均收入水準決定。然而，由於上海房源稀缺，沒有辦法保證所有在上海工作的人都能買到房子。因此，並不是由所有上海居民的收入決定，而是那些有資格、有意願、有能力占有這些資源的人，他們的購買意願決定了上海的房價。

大都市資源齊全、交通便利，如果買得起，誰都想在這裡買房。問題就在於大都市的房子有稀缺性。以上海為例，上海常住人口約兩千五百萬人，而截至二〇二四年，上海住宅數量約為八百四十．六萬間，可見上海住房的供需非常緊張。在這種情況下，上海的房價由誰來決定？

根據統計，上海二〇二三年成交新成屋八萬間、中古屋十八萬間，共二十六萬間。也就是說，價格就是由這二十六萬間房子的買家所決定，只要他們接受這個價格，交易就達成了。其他兩千多萬人覺得很貴、不值得，其實都不影響價格。

這也解釋了在房地產市場火熱時，中國政府為什麼要透過限購以控制房價上漲。若不限購的話，全中國有錢人都到北京、上海買房，而他們對價格的接受度高，房價自然水漲船高。限購約束了這些人的購房資格，對房價接受度較低的買家才有機會加入購房的行列，從而抑制房價的上漲速度。

所以，即使現在房價上漲預期不再，各地的限購政策基本上也都取消，但相較其他中小型都市而言，上海的房價依然很高。

正是因為如此，只要上海不停接納優秀、高薪的年輕人，房價的底就會不停抬高。如果放寬限購資格，那就是全中國人決定上海房價。同理，那些沒有資源優勢、沒有人聚集的地方，房價就會跌。

而擁有的資源越多，就越有機會獲取更多的資源，這也是貧富差距越來越大的主要原因。

## 馬太效應：富者更富、窮者更窮

隸屬巴黎經濟學院（École d'économie de Paris）的世界不平等實驗室（World Inequality Lab），發布的《二〇二二年世界不平等報告》顯示，過去二十年之中，全球收入最高的一〇%人群和收入位於底層的五〇%人群之間，收入差距從八．五倍擴大到十五倍。

圖表 1-1 來自《二〇二二年世界不平等報告》，按購買力平價（Purchasing power

**圖表 1-1　2021 年全球收入和財富不平等狀況**

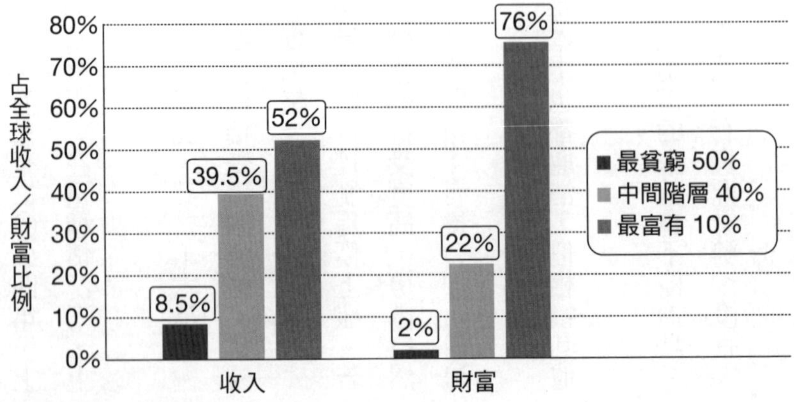

parity，縮寫PPP，用來描述各個國家之間貨幣的購買力）計算，全世界最貧窮的五〇%人口一共占有全球收入的八．五%、全球財富的二%；而全世界最富有的一〇%共占有全球收入的五二%和財富的七六%。

即使是在全球經濟陷入低迷的新冠疫情期間，兩極分化不僅沒有縮小，甚至還有加大的趨勢。國際發展及救援的非政府組織樂施會（Oxfam）發布的調查報告顯示：**新冠疫情期間，全球九九%的人收入減少**，一．六億人陷入貧困；而**全球十大富豪擁有的財富從七千億美元**（按：約新臺幣二十三兆元。本書美元兌新臺幣匯率以中央銀行公布之二〇二五年三月均價三十二．九八元計算），**躍升至一．五兆美元，是全球最貧窮的三十一億人擁有財富總和的六倍**。

在《二十一世紀資本論》（*Le Capital au XXI*$^{e}$ *siècle*）這本書中，作者托瑪．皮凱提（Thomas Piketty）指出，**貧富兩極分化的根本原因，是資本報酬率通常大於整體的經濟成長率**。資本會傾向於流動到已經聚集的資本上，而不是透過勞動累積。

資本，其實就是資源的表現形式。富豪可以藉由利用資源獲得資本回報，從而變得越來越有錢。而窮人只能用自己的勞動創造財富，幾乎不可能靠勞動趕上有錢人。這是人類社會的規律，也是人性使然。

這也是財富增長過程中必然導致的結果：財富和收入之間的離散度加大，勞動創造的收入增長，遠遠趕不上資產創造的財富增長，**「人掙錢」遠遠趕不上「錢生錢」**。

這在經濟學上稱為馬太效應（Matthew effect），它反映出一種富者更富、窮者更窮的兩極分化社會現象，名稱源於《新約聖經．馬太福音》中的一則寓言：「凡有的，還要加給他，叫他有餘；凡沒有的，連他所有的也要奪去。」

巧合的是，中國古代其實就已認知到這一規律，《道德經》提到：「天之道，損有餘而補不足。人之道則不然，損不足以奉有餘。」意思就是：自然規律是減少有餘、補給不足的，而社會法則卻是減少不足，以奉獻給多餘者。

# 3 新時代的稀缺資源：流量

傳統的資源就是土地。從女媧用土造人的神話，到落葉歸根、故土難離、土生土長等成語；從民間祭祀的土地公廟，到電影《流浪地球》（按：二〇一九年上映的中國科幻電影）中帶著地球一起走的浪漫，這種「戀土情結」代代傳承，鮮明持久。不只比爾·蓋茲這樣的富豪們喜好買地，許多中國的新興富豪，也把買地作為占有資源的重要管道。

有一則關於中國富豪陳天橋在美國購買大量土地的新聞，引起了轟動。根據美國雜誌《土地報告》（*The Land Report*）二〇二四年一月更新的全美前一百名土地擁有者榜單，他目前擁有美國奧勒岡州（Oregon）十九·八萬英畝（約八百平方公里）的土地，成為美國排名第八十二位的大地主，也是美國第二大的外籍地主。

陳天橋是「盛大遊戲」（按：現已由浙江世紀華通集團收購，改名為「盛趣遊戲」）的創辦人，被稱為中國的網遊教父。公開資料顯示，二〇〇一年，由陳天橋創辦的盛大網路在中國獨家代理的網路遊戲《傳奇 Online》大受歡迎。二〇〇八年，盛大遊戲成立，並於二〇〇九年在美國那斯達克股票交易所（NASDAQ）上市。盛大遊戲官網顯示，這是當年美國規模最大的 IPO（首次公開募股）案。而陳天橋也憑此一度成為中國首富。

透過遍布全球的投資版圖，二十多年來，陳天橋穿越多次經濟週期，牢牢掌握著巨大的財富，成為「胡潤百富榜」（按：英國記者及註冊會計師胡潤〔Rupert Hoogewerf〕從一九九九年起製作的中國富豪榜）中一直未曾跌落的老面孔。二〇二三年，陳天橋家族以人民幣五百三十億元的身家，位列胡潤百富榜第七十七名（按：二〇二四年，其財富為人民幣五百九十億元，排名第六十五名）。

除了土地，還有什麼資源？隨著工業革命的興起，石油在當今社會已成為與土地比肩的稀缺資源，因此，在貧瘠的沙漠裡造就了新的富豪——沙烏地阿拉伯（Saudi Arabia）王室。

沙烏地阿拉伯王室被稱作「中東第一家族」，這個因石油而興起的家族，統治著沙烏地阿拉伯，並憑藉世界首位的石油儲量和產量，成為世界上最富裕的家族之一。

沙烏地阿拉伯統一於一九三二年。一開始，這個國家相當貧困落後。沙烏地阿拉伯坐落於沙漠之中，資源匱乏，任何建設都相當艱難。不過，在一九三八年，沙烏地阿拉伯經過科學探測後發現，原來在那片沙漠之下，蘊藏有大量的石油和天然氣資源。

沙烏地阿拉伯至今為止被發現的石油儲量有三百六十三．五億噸，相當於全世界石油儲量的一六%，是非常驚人的數字。除此之外，沙烏地阿拉伯的天然氣儲量也達到了八．二兆立方公尺，世界排名第六。沙烏地阿拉伯憑藉著這些資源，擁有了大量的財富，成為全球最富裕的國家之一。

## 流量，資訊社會的稀缺資源

而當今新的時代，又湧現了什麼新的資源？

**人的注意力，其實也是一種資源，這正是現在大家所爭搶的流量。**

流量是網路時代獲取注意力的資料表現形式。和農業社會的土地、工業社會的能源一樣，流量（資料）是資訊社會的核心和稀缺資源，已被人們視為與土地、勞動力、資本、技術並列的五大生產要素之一。

流量的具體表現為搜尋量、點擊量、排行榜名次、曝光率、評論數、轉發數、粉絲活躍度、收藏數、點讚數、交易量等，類似聲望和人氣。隨著新媒體、大數據、ＡＩ、雲端運算、物聯網等技術的迅速發展，當代影視產業的競爭基本上已成為流量爭奪戰，因此就有了引流、蹭流量、自帶流量、網紅等說法。

例如在抖音（按：由字節跳動創辦的智慧型手機短影片社群應用程式）上擁有破億粉絲的「瘋狂小楊哥」，他以賣貨、送禮、搞笑為主要內容，吸引了無數年輕人關注和喜愛。他的直播經常出現明星、網紅，販售的產品也經常被搶購一空。根據媒體報導，小楊哥二〇二三年直播帶貨（按：以網路直播的形式向消費者展示和推銷商品）產值超過人民幣三百億元，經營服務收入可達人民幣十五億元，他所要繳納的稅金超過人民幣四・五億元。

為什麼僅靠一個人直播，就能賣出相當於好幾個上市公司規模的商品？因為這個人掌握了當今非常重要的資源——人的關注度。上億粉絲的關注，對小楊哥來說就是最大的流量資源。

# 4 我很勤勞，為何還是沒錢？

當代社會是個高度分工的時代，沒有人可以創造自己需要的所有資源，只能以自己擅長的工作，提供社會所需的資源，才能換取自己想要的資源。

你想要擁有資源，就必須貢獻資源，且要貢獻這個社會需要的資源。你貢獻的資源越急需，能換來的資源就越多。

這就是為什麼同樣都是一天工作八個小時，工程師年薪能破百萬元，而清潔人員一年只能拿到幾十萬元。

因為，工程師為社會貢獻的，是網路時代急需的程式技術，能提供這類貢獻的人，遠遠無法滿足社會龐大的需求。而清潔人員提供的服務，並不是那麼稀缺的資源和技能，能換到的金錢自然就少。

為什麼為社會貢獻資源就能獲得財富？「樊登讀書」創始人樊登這樣比喻：當你為社會貢獻越多，特別是超過了你在社會裡所占用的資源時，這個盈餘，就是社會對你的虧欠。社會寫張「借據」給你，而你可以憑著這張「借據」，將來從社會裡獲得等價的資源。

這個「借據」就是財富，不管是你銀行帳戶的數字，還是你買的房子、珠寶等資產，都是你擁有社會資源的見證。它衡量的是你對社會貢獻的多寡。如同前文所說，我們本質上追求的並不是金錢本身，而是占有資源。

金錢能換來資源，所以我們希望獲得更多錢。但請別本末倒置，沒有資源的話，錢不過只是一個數字、一張紙罷了。

對我們這樣的普通人而言，**如果想要獲得更多的錢，就要考慮如何為社會貢獻更急需、更有價值的資源。**

## 勤勞、努力與致富，不是因果關係

勤勞，是為這個世界貢獻資源的方式之一，但是勤勞的人變多，勞動力這一資源的重要性也就降低了。

中國近幾十年經濟持續快速增長，已被視為世界奇蹟。在探討中國為什麼能夠創造經濟增長奇蹟時，很多人認為「人口紅利」是至關重要的因素，人口紅利也因此和中國經濟持續增長的前景相互連結。

什麼是人口紅利？它是指一個國家的勞動年齡人口，占總人口的比重較高，撫養比較低，為經濟發展創造了有利的人口條件，整個國家的經濟呈高儲蓄、高投資和高增長的局面。

也就是說，在改革開放（按：自一九七八年開始）的起步階段，憑藉勞動力資源豐富和低成本優勢，中國成為世界工廠和世界經濟增長的引擎，大部分中國人也藉由人口紅利，使自己的生活品質得到了提升。絕大多數普通人不需要再像前輩們那麼辛苦，不但能吃飽，物質差距也不再像以前那麼巨大。

但是，人口紅利的背後，是勞動力多、勞動報酬率較低的現實，這也造成了高齡化過程中「未富先老」的情況。

與懶惰相比，勤勞確實能帶來更高的收入和更愜意的生活。但勤勞與努力，只是和致富有關聯，但不是因果關係。**勤勞未必能致富，努力也未必有收益**。

勤奮的先決條件，是找到值得你勤奮的賽道，讓努力不僅能換來回報，還能換到未來的可能性。當勤奮的投入沒有辦法累積自身技能和經驗時，就進入了瓶頸期，這時所有的努力效果都非常低，往往變成單純消耗自己以換取薪水的行為。

而且，勤勞所直接帶來的生活品質提升有限，因為勤勞是對資源的消耗，隨著年齡增加，人能付出的體力勞動越來越少。另一方面，腦力勞動的每一次實踐都能帶來經驗累積，能逐步提升效率。

這也是為什麼，有些工作人越老、收入越低，而有些工作則是越老越吃香。

從這個意義上來看，想要獲得長期且持久的資源回報，唯一的方式就是努力提供那些可以累積而非消耗，同時又是這個社會更急需、更有價值的資源和服務。

## 財富是對認知的補償，不是給勤奮的獎賞

事實上，無論你有沒有聽過這個邏輯，其實我們都已不自覺的在其中運行。

例如，考大學時想要選一個好科系，正是希望獲得這個社會更稀缺的技能；畢業之後想進大公司工作，是想要在這個社會中最能創造價值的崗位上，貢獻自己的力量；工作後持續學習，也是為了不斷增加自己的技能，讓自己的價值可以重複使用並提升，為社會創造更多價值，從而獲得更大的回報。

有一部真人實境節目《富豪谷底求翻身》（*Undercover Billionaire*），主角是白手起家的億萬富豪格倫·斯登（Glenn Stearns），他參加一場為期三個月的豪賭：到一個沒有人脈、沒有資源的陌生城市，從零開始創立一家價值百萬的公司。如果挑戰失敗，他將拿出百萬美元，分給在創業過程中幫助他的人。而出發之前，他只有一輛破卡車和一百美元的資金。

這個挑戰成功了嗎？與很多勵志片不同，這個挑戰的最終結局是失敗的。但他在九十天內所創造的企業，估值已經達到七十七萬美元了。

為什麼他能夠在九十天內，從無到有創造出一家估值達七十七萬美元的企業？斯登在結語中說：「永遠不要將付出的努力和產生的結果混淆，只有當努力帶來進步時，才能賦予其真正的意義。」

我非常推薦你看看這個節目，從只有一百美元起步，乃至於創業過程中所經歷的一切，你一定會發現，斯登成為億萬富翁絕對不是偶然。他對於財富的認知、堅持和努力，印證了一個道理：**財富是對認知的補償，而不是給勤奮的獎賞**。只要擁有認知的優勢，哪怕你破產、資產歸零了，也一定能東山再起。

認知是什麼呢？認知是你對世界的理解，包括知識、技能和思維模式。沒有足夠的認知，就無法看到更多機會、做出更好的決策。因此，想要賺到更多的錢，關鍵在於提升認知。

怎樣才能提升認知？可以透過閱讀、學習、思考、實踐等方式，當你的知識越多，思考的範圍更廣，能看到的事情就越全面，做出的判斷也會更加準確。

這就是學習的重要性。持續學習，並不能保證你大富大貴，但這是最快了解世界多樣性、複雜性，且成本最低的方法。你沒想通的問題，肯定已經有人想過，並系統性的整理在書籍中。

持續學習說起來容易，做起來卻很難，甚至有越來越多的人就此放棄學習，逐漸與這個持續變化的世界脫節。那些固執守舊的人，未必一開始就是如此，只是因為終生學習太難了，且隨著年齡的增長還會越來越難。

除了體力和腦力之外，更主要的原因是，**隨著我們的閱歷、能力的提升和成熟，學習新知識需要打破的成見也越來越多**。當學習意味著需要顛覆、重組自己幾十年來的思想與價值觀，就不只是增長知識那麼簡單的問題了。

特別是學了越多知識的人，越容易陷入「知識的幻覺」（illusion of knowledge），也就是簡單了解新事物之後，就利用自己已有的邏輯，快速得出一個表面的結論，並就此認定自己已經掌握了這個知識。

更有甚者，還會出現一種叫作鄧寧—克魯格效應（Dunning-Kruger effect）的認知偏差現象。這種現象指的是欠缺能力的人，常得出自認為正確但其實錯誤的結論，他們往往沉浸在自我營造的虛幻優勢之中，常常高估自己的認知水準，無法接受與自己觀點有異的正確結論。

所以，英國物理學家史蒂芬・霍金（Stephen Hawking）才會這麼說：「**知識最大的敵人不是無知，而是知識的幻覺。**」（The greatest enemy of knowledge is not ignorance, it is the illusion of knowledge.）

許多人都說，長大後學東西不像小時候那麼快了。為什麼？因為知識的金字塔裡，最底下的幾層總是最容易搭建的，越高則越難。

當我們以成年人的思維，想要放幾塊磚頭在已經搭建完成的知識金字塔上，是何等之難？唯有抽取幾塊固有的磚，才能替換新的進去。而這種知識的更新無異於傷筋動骨，當然困難。

一般人吸收新知識的黃金十年是二十至三十歲。在這黃金十年裡，我們不僅要發展事業和累積財富，還要奠定一生的價值觀和認知世界的基礎。

所以，若你正處於這個年紀，一定要從事能夠讓自己知識成長、經驗豐富、能力增強、人脈豐實的工作，而不是做以體力換取報酬的工作。你在最好的年紀出售體力換取報酬，等你到了中年，體力不及年輕人時該如何自處？

知名金融學專家陳志武有一本書《為什麼中國人勤勞而不富有》，從制度上回答了為什麼中國人勤勞而不富有的問題，他提到自己曾對女兒說過的一句話：年輕時期的重點在配置人力資本、學習知識、累積技能，中年時期重點則是把人力資本轉換成金融資本，五十歲後就主要靠金融資本的投資回報過生活。

二〇二四年四月，阿里巴巴董事會主席、聯合創辦人蔡崇信在接受專訪時，提出了給年輕人的建議：**學習一、兩種非常基本的技能，你就能從眾人中脫穎而出，成為前一〇%的人**。你必須做到能告訴別人「我是〇〇的專家」，這是你獲得尊重的方式。

舉個例子，同樣是高中畢業就開始工作養家糊口，你可以開計程車、當外送員，但你也可以到藥局從門市人員做起，一邊工作、一邊學習，考取藥學系、藥師執照，接著就能成為藥師。假以時日，你在醫藥知識領域有一席之地，就不必風裡來雨裡去。

沒有個人資本積累的工作，往往門檻很低，沒辦法做得長久。所以持續學習是必要的。學習帶來的變化雖然緩慢，成效卻會深入到意念之中。

當你把學習變成一種習慣，你就會始終保持對知識開放、謙遜的心態，世界也才會在你眼前變得越來越美好。

# 5 人工智慧會讓我失業嗎？

近年來，「焦慮中產」成為一個熱門新詞。中產為什麼會焦慮？因為中產階級較不知道如何掌握有效的資源，一旦他們停止勞動，基本上就沒有收入來源。

在經濟轉型的大背景下，多變與不確定已成為常態，若沒有學習和提高認知的計畫和行動，更沒有接納失敗的勇氣和信心，焦慮就是必然的狀態。

時代的發展帶給我們更多機會，但也帶來了更大的危機。隨著ＡＩ時代到來，我們該如何學習新知識、學習哪些新知識，才能讓我們在新時代中不被淘汰，甚至占有更多資源？

二〇二四年二月十五日，美國人工智慧研究實驗室 OpenAI 發布了文字生成影片（Text-to-video）的工具 Sora。Sora 這個名字可能取自日語「天空」的ＡＩ影片生成模型，生成的影片品質堪比電影，震撼了全世界。無數的人、用無數種語言，在社群媒體上驚呼：現實，不存在了。

Sora的出現，可能意味著通用人工智慧（按：Artificial General Intelligence，縮寫為AGI，指具備與人類同等、或超越人類智慧的AI，能表現正常人類所具備的所有智慧型行為）的加速到來。

根據美國廣告、行銷公司奧美（Ogilvy）的預測，**到二〇三〇年，體力勞動和手工技能的總工作時間，將減少一四%**。許多技藝嫺熟的「工蜂式勞動力」，將再無用武之地。但與此同時，**使用技術技能的工作時間，將增加五五%**。

Sora的到來、AI的加速發展，我們一般人該怎麼面對？

在此我們先回顧一下歷史。

## 取代你的不是AI，而是比你更會用AI的人

十八世紀中葉，蒸汽機不斷改進、投入生產，大幅提高生產率，第一次工業革命於焉開啟。但是，這也意味著傳統手工工人失去工作。工人們認為，是機器搶走了他們的工作，於是他們開始毀壞機器。

不過，這沒有阻擋第一次工業革命的進程。因為生產率提高，商品價格下降，出現

了更多的消費，從而帶動經濟增長。而因為經濟增長，需求增加，反而出現了更多新的工作機會。

一九五〇年代，貨櫃運輸飛速發展，貨物運輸的效率大大提高。這也意味著傳統裝卸工失去工作，碼頭工人舉行了長達數週的罷工。但這並沒有影響貨櫃運輸改變世界。因為貨櫃出現，全球貿易開始高速發展，大量品牌把商品運到中國生產，各種從沒有過的工作崗位被創造出來。甚至可以說，沒有貨櫃，就沒有中國製造這幾十年的騰飛。

所以，不要擔心ＡＩ會取代你。**取代你的不是ＡＩ，而是比你更會用ＡＩ的人。**

很多人都難以接受世界一直在變，且變化的速度越來越快。特別是隨著ＡＩ時代來臨，我們原本所擁有、具有稀缺性的知識，變得越來越不稀缺。我們不能停滯不前，而應該隨世界同步變化，才能一直為這個社會提供急缺的資源。

以前，我們還能透過知識和實踐的累積，獲得獨特的能力。但隨著網路時代的發展，一般性的知識透過網路搜索就能獲得，特別是ChatGPT（按：OpenAI開發的ＡＩ聊天機器人程式）推出後，許多非常專業的知識也能用它組織、分析。尤其在GPT4出現之後，讓人類知識的分層更加明顯。

一個最基本的現實是：平常要絞盡腦汁的文件報告、專案總結、投影片製作等，

ＡＩ能以秒為單位幫你完成；曾經需要費盡心血才能完成的圖片設計、影片、短片等，ＡＩ可以輕輕鬆鬆一鍵生成。

對於各大公司裡光鮮亮麗的「白領」來說，他們賴以生存的技能能被ＡＩ輕鬆替代。很多人或許還不明白，即使是看起來掌握許多知識的白領，跟當年在紡織革命中被機器所替代的紡織女工相比，其實並無兩樣。

## 人人都能靠ＡＩ寫程式，工程師要失業了？

二〇二四年二月，半導體公司輝達（Nvidia）創辦人黃仁勳在阿拉伯聯合大公國杜拜（Dubai）召開的世界政府高峰會上，針對下一代的教育問題表示：「在過去的十至十五年之中，所有站在這個舞臺上的人都會告訴你，電腦科學是未來關鍵。然而，創造運算技術是我們這代的責任，目的是讓大家都無須寫程式，讓未來世界上的每個人都是程式設計師。」

二〇二四年三月，為矽谷高科技企業輸送無數人才而備受追捧的南加州大學（University of Southern California）宣布，將在二〇二四年秋季學期關閉電腦領域的六個碩士學位，只保留四個。

就在同一個月，百度創辦人、董事長李彥宏在接受央視《對話》節目採訪時也說：「以後不會存在『工程師』這種職業了，因為只要會說話，人人都會具備『工程師』的能力。」

真的是這樣嗎？作為當前收入最高的職業之一，「工程師」真的就要失業了嗎？

可以確定的是，現在ChatGPT確實已經可以應用於寫程式，藉由輸入關鍵字、選擇程式語言和生成代碼等步驟，ChatGPT完全可以根據需求和指令，生成符合要求的程式碼。也就是說，在寫代碼這個環節，工程師的作用真的可以被替代。

但是，**只要我們還希望ＡＩ實現個性、獨特性的需求，人的「需求表達」就會一直存在**。雖然李彥宏說，只要會說話，就能具備工程師的能力，但如果我們想要利用ＡＩ創造出一個軟體系統，「會說話」就不單純只是能交流的意思，而是要能夠清晰、準確、完整表達自己的訴求。就這一點而言，有許多人是做不到的。

因為，即使是與ＡＩ溝通，都需要編寫清晰、明確的提示詞（Prompt），準確表達自己的意圖和問題，才能得到系統更精確的回答。

而若要利用ＡＩ進行更深層次的創造，不僅需要具備優秀的表達能力、邏輯思維能力和總結分析能力，當涉及某些專業領域時，還需要有深刻的認知和獨特的想法，才能把你的精準需求提供給ＡＩ系統。也只有這樣，ＡＩ才能幫助你創造出與眾不同的軟體，從而實現創新的價值。

由此可見，什麼樣的能力能確保你在ＡＩ時代不被替代？

ChatGPT 正成為個人能力的試金石，當一個人在自己的專業領域所擁有的知識，無法被 ChatGPT 所覆蓋時，就說明他所掌握的知識已延伸到非常個性化的層面，不是普遍性的通識，而是具有個人化特徵的知識體系。

這個分界，便是外行和內行在短時間內無法逾越的鴻溝，它不是那種考試前反覆、大量做題目以期獲得滿分的知識。這種能力建立在考題永遠無法命中的經驗之中，是那些我們累積了很多，卻沒有機會被抽中的題目，能力就是展現於這種積累之上。

**論已知的能力，我們的知識量可能永遠也比不過 ChatGPT，但人有著可以不斷抵達未知的能力**，就像一名作家在創作前，也不知道自己會寫出來什麼樣的東西。它需要調動我們的情感，賦予我們一種超越已有知識的創造力。就是這樣的特性，讓人可以避開所有機械和模仿的痕跡，造就出完全有別於任何演算法的規則。

而當一個人的知識越經歷過千錘百鍊，這種能力就會越獨特、越稀缺。這種能力與我們的情感功能高度相關，是ＡＩ幾乎不可能模仿的部分，也是人和ＡＩ永遠可以相互補充的地方。我們需要確保自己的所有能力，不在可以被ＡＩ替代的同一水準，而是處於在能力上不會泯然於眾、在個性上超然於ＡＩ的狀態。

現實中，這種獨特的人很少見。

因此，對於我們普通人而言，最重要的還是積極面對可能到來的技術革命，搞清楚自己工作的獨特價值到底在哪裡，把**自己的工作跟新技術相互結合**，**成為運用新技術的人**。就像是機器出現後，從手工工人變成第一批會操作機器的人，以及貨櫃出現後，從碼頭搬運工變成第一批會開堆高機的人。

例如，有人做影視製作，把操作某個剪輯軟體當作自己的工作。所以，當這個軟體技術更新之後，他可能就會感到茫然，當Sora可以批量生產影片時，他該往哪裡發展？但仔細想想，他的工作不是必須操作剪輯軟體，而是要生成影片，在這方面，Sora不正是他最好的助手嗎？他應該考慮的，是如何在Sora的幫助下，以更節省體力、資源、時間、財力的方式，將影片生產出來。

所以，當技術革命蔓延到你從事的行業時，你最基本的工作，就是學會如何利用這些新興的技術和工具，提升工作效率、跳出重複勞動的迴圈，將更多精力投入到高階領域。這就需要我們保持開放、主動學習。**學習的目的不僅是防止自己被淘汰，還是為了乘著新技術的浪潮，衝到新技術所創造的新興行業之中。**

鳥兒能在樹枝上安心棲息，不是因為對樹枝放心，而是相信自己的翅膀。

## 6 出國坐頭等艙，就是漏財？

理解「財富是對資源的占有」這個道理，也就理解了什麼叫漏財。**漏財，漏的不是金錢，而是資源**。如果你的行為是用錢換資源，或者使自己資源增加，甚至是享用了資源，這些都不是漏財。如果是使自己資源減少，或者是沒有享受到資源，這些才叫作漏財。

例如，比爾．蓋茲花了大筆的金錢買土地，雖然帳面上的錢少了，但它變成了另一種形式的資源，這就不算漏財。

除此之外，你還可以想想：花幾十萬元讀企業管理碩士（Master of Business Administration，簡稱MBA）學位，是漏財嗎？

先舉個你我或許經歷過的例子。高中畢業，許多學生面臨兩個選擇：馬上出社會工作，還是繼續讀大學？立刻就業，馬上就有收益，不管是做外送員、建築工人，月薪可能有兩、三萬元；繼續讀大學，四年沒有收入，學費、住宿費加上生活費，平均下來每月可能還要支出好幾萬元，四年畢業後，大學應屆畢業生的平均月薪可能只有三萬元（按：二〇二三年，勞動部統計大學畢業生平均起薪為新臺幣三．三萬元）。這種情況下，你該如何抉擇？

我想，大部分人還是會選擇讀書。四年沒有收入，畢業後拿到的薪水很可能還沒有外送員多，為什麼大家會這樣選？

二〇一八年，美團（按：中國一家以提供生活服務為主的電子商務公司，旗下有餐飲、外送、團購等平臺）曾公布其外送員學歷數據，有七萬名外送員擁有碩士以上學歷。這種情況下，為什麼大家還是會選擇繼續讀書？

因為我們知道，雖然當下這個時期，大學生收益可能不如高中生。但若將眼光放遠到整個人生，大學學歷會比高中學歷有更多的選擇和階層上升機會，這就是知識帶來的資源。

大家都有很明確的認知：隨著時間拉長，大學畢業生的收入會更快的增長，而高中畢業送外送的收入卻已經達到顛峰，無法更快速增長。大學生身分帶來的這種確定無疑的增長機會，在大家心目中，遠遠超過當下的收入。

哈佛大學前校長德瑞克．伯克（Derek Bok）曾說過：「**如果你認為教育的成本太**

高，**試試無知的代價吧！**」（If you think education is expensive, try ignorance.）這句話所表達的意思也正是如此。

## 占有資源，最終目的還是要享受

前面我們曾講到，金錢變成了另一種資源不算是漏財。你或許想問：只要沒有變成別的資源，金錢的流失就是漏財嗎？

這也未必。你可以留意我提到的一個詞：享受資源。

我們**占有資源，目的並不是占有，最終還是要享受資源，讓資源為我所用**。

例如，我拿到人民幣五萬元的年終獎金，決定拿這筆錢去旅行，好好犒賞自己一年的辛苦，坐頭等艙、住高級飯店，最終人民幣五萬元一掃而空。這算是漏財嗎？

享受資源，是一種很個人的行為。我想要坐頭等艙、想要住好飯店，這些事情對我來說很重要，即使這筆花費很高，但我享受了我想要享受的，這就不是漏財。

這件事跟個人的消費觀有關。有人喜歡旅遊、有人喜歡追星，這是價值的主觀判斷，前提是要在自己的能力範圍內消費，這就是合理的。不然我們賺錢、希望擁有更多資源，目的是什麼？

總結來看，**我們對財富的占有，表現形式有兩種。一種是用來投資，不管是變換成別的資源形式，還是讓資源變得更多**。投資的錢有漲有跌，看的是回報。**另外一種是用來消費，讓占有的資源為自己所用，成為自己生活享受的來源**。消費的錢一去不回，看的是享受。

但是同一個習慣，在投資和消費中，會有不同的結果。有的習慣在投資中是增財，在消費中卻是漏財。具體怎麼判斷，後續我還會詳細分析。

我們要從「資源占有」這個源頭出發，看待自己的行為、習慣，才能更清晰的發現自己日常行為是漏財還是增財，從而能有所規範，讓財隨你而來，生活變得更美好。

第 2 章

# 漏財，是因為你誤解了價值的本質

價值是經濟學史上最為重要的概念之一。整個經濟學的發展，從某種程度上可以說是解決「價值」這一概念的問題。針對這個問題，不同的經濟學家給出了不同的解釋，有勞動價值論、邊際效用價值論、交換價值論、主觀價值論、客觀價值論等。

誰對誰錯？各有其道理。這就是社會科學的特徵，當你從不同角度看待同一件事物，可以得出不同的結論。但追根究柢，幾乎所有的經濟學家，都認同價值與該資源的稀缺性相關。

如何理解稀缺與價值之間的關係？我們就從生活中的實例出發。

首先，請你思考這個問題：空氣有價值嗎？

有的人會說，有價值，因為每個人都離不開它。

那麼，對人生存而言這麼重要、這麼有價值的資源，你願意出多少錢買呢？你多半不願意，因為空氣隨處可見，不需要耗費任何成本就可以獲得。

如果一個物品，你覺得很有價值，但又隨處可見、唾手可得，它的價值究竟體現在哪裡？

如果說空氣太多了，沒有稀缺性、不需要爭搶，所以沒有價值，那麼當你爬上聖母峰（按：世界第一高峰），你又會為空氣付出多少錢？

這麼說的話，我們或許可以得出一個結論：空氣在日常生活中沒有價值，因為大家都可以隨時且毫不費力的取得它；但到了空氣稀薄的環境，大家都需要卻無法輕易獲得時，空氣就有了價值。

所以，價值是什麼？**價值就是大眾對某一種資源的稀缺性所賦予的共識**。當大家都覺得這個資源，相對於需求來說是稀缺的，它就有了價值；當這個資源相對於大家的需求來說不再稀缺時，也就失去了價值。

# 1 水不可或缺，但為何鑽石比水貴？

對我們而言，可以利用的水資源有限，想要活著，水又必不可缺，而鑽石卻非必需品。這麼來看，鑽石與水相比並沒有太大的稀缺性。既然如此，為什麼水便宜，而鑽石卻如此昂貴？難道水的價值比不上鑽石嗎？

其實，這是經濟學上困擾了大家很多年的價值悖論。

這個問題，古典經濟理論沒有給出很好的解釋。直到一八七〇年代，邊際效用學派出現，提出邊際主義，針對「價值由什麼決定」給出了答案。

邊際主義指出：在價值決策中最重要的是邊際，即最後一單位的消費品或是產品。也就是說，決定價值的不是這個產品的總效用，而是它的邊際效用。

這是什麼意思？也就是說，**決定水價格的不是它的總價值，而是它的邊際價值，也就是最後一杯水能夠帶給我們的效用**。在人類居住的大多數地方，水很容易取得，最後一滴水帶給人的效用微不足道，所以它幾乎一文不值。

為什麼？因為**一個資源是否稀缺，並不是看總量，而是看邊際量**。換句話說，即使我們不知道水到底有多少，鑽石又有多少，但只要我們知道，**想多獲得一單位的鑽石比多獲得一單位的水更難，鑽石就比水更有價值**。

而資源的實用性，反而失去了價值評判的意義。

因此，經濟學家亞當．史密斯（Adam Smith）在《國富論》（*The Wealth of Nations*）中指出：沒什麼東西比水更有用，能用它交換的貨物卻非常有限；很少的東西就可以換到水。相反，鑽石沒有什麼用處，但可以用它換來大量的貨品。

對於非經濟學領域的人而言，邊際理論可能不好理解。其實，**鑽石與水的悖論，反映的正是俗諺「物以稀為貴」**。所謂的邊際效用，也可以理解為稀缺性。

說得更直白一點，就是雖然每個人都不能沒有水，但水資源在地球上太豐富了，對大部分人來說都可以輕易取得，甚至在山中源源不斷、隨處可掬，所以它沒有價值。

反觀鑽石，因為稀有，多擁有一塊為個人帶來的邊際效益很高（例如顯示自身氣質、有品味、有面子等），因此一塊鑽石的價格相比水這種必需品，消費者願意付出的邊際成本反而高很多。正是由於這個原因，鑽石的價值遠遠比水高。

## 沒有稀缺性的資源，也可以人為製造價值

這裡又引出另一個問題：世上稀少的東西那麼多，每一個都像鑽石那麼有價值嗎？未必如此。鑽石雖然稀少，若我們不賦予它「恆久遠」的愛情象徵，它就只是一顆閃閃發光的石頭而已，誰會拿成千上萬的金錢交換它？這種愛情象徵，其實就是人們的共識。**稀缺性只有在共識的基礎上，才能產生價值。**

然而，並不是所有有共識的資源，都能長期維持價值不變。例如鬱金香，曾是人人追捧的金融工具。

十六世紀中期，鬱金香從土耳其被引入西歐，不久後，人們開始對這種植物產生狂熱。到十七世紀初期，一些珍品賣出不尋常的高價，而富人們也競相在他們的花園中展示最新和最稀有的品種。一六三五年，一種叫 Childer 的鬱金香品種，單株甚至賣到了一千六百一十五弗羅林（florins，當時的荷蘭貨幣單位）。

這筆錢在十七世紀早期的荷蘭，價值多少？在當時，四頭公牛（與一輛拖車等值）只要四百八十弗羅林，而一千磅（約四百五十四公斤）乳酪也只需一百二十弗羅林。

可是，鬱金香的價格還是繼續上漲。第二年，一株稀有品種的鬱金香（當時荷蘭全

境只有兩株）以四千六百弗羅林的高價售出。除此以外，購買者還需要額外支付一輛嶄新的馬車、兩匹灰馬和一套完整的馬具。

正當人們沉浸在鬱金香狂熱之中，一場大崩潰已近在眼前。由於賣方突然大量拋售，民眾陷入恐慌，導致鬱金香市場在一六三七年二月三日突然崩潰。一夜之間，鬱金香球莖的價格一瀉千里。

雖然荷蘭政府發出緊急聲明，認為鬱金香球莖價格無理由下跌，勸告市民停止拋售，並試圖以契約價格的一〇%結清所有契約，但這些努力毫無用處。

一個星期後，鬱金香的價格已平均下跌了九〇%，普通品種的鬱金香球莖甚至不如一顆洋蔥的售價。絕望之中，人們紛紛湧向法院，希望能夠借助法律的力量挽回損失。但在一六三七年四月，荷蘭政府決定終止所有契約，禁止投機式的鬱金香交易，從而徹底擊破了這次歷史上空前的經濟泡沫。

由此可見，**所謂的稀缺性可以人為製造，當大家對稀缺性產生共識，即使並不稀缺的資源也會產生價值**。所謂傻子的共識也是共識，但問題是，人不會永遠傻下去，這種價值是不可持續的。當人們對稀缺性的認知逐步回歸真實，在某一個時間點，稀缺性的泡沫被戳破，所支撐的價值也會灰飛煙滅。

## 2 黃金只是延續五千年的泡沫

為什麼稀缺的物品，還需要有共識才能產生價值？

實際上，貨幣的出現，也是遵循了這個規律。

一九七六年諾貝爾經濟學獎得主、貨幣學派代表人物米爾頓·傅利曼（Milton Friedman）在《貨幣的禍害——貨幣史片段》（*Money Mischief: Episodes in Monetary History*，中文書名暫譯）一書中，講述了一個「石幣島」的小故事。

一九〇三年，一位美國人類學家曾在太平洋加羅林群島（Caroline Islands）的雅浦島（Waqab）居住了幾個月。在這個德屬殖民地（一八九九－一九一九年）小島上，他發現大約五、六千名原住島民，日常使用的貨幣並不是德國馬克（按：Deutsche Mark，德國於二〇〇二年改用歐元前所使用的貨幣）或金、銀，而是一種巨型「石輪」。

放在近現代或許很難想像：笨重且無太高附加價值的「石輪」，居然成了貨幣。

在這樣一個原生態的島上，由於沒有政府及貨幣當局的干預，巨型石輪展現了貨幣最為基本的樣態——稀缺性。

這座島上不生產金屬，更沒有金、銀等貴金屬，為了解決交易的問題，島民們最終選擇了巨型石輪作為支付貨幣。

這種貨幣的材料，源於四百多公里遠的另一個島上的石灰岩，島民們將這種石灰岩打製成巨型石幣，中間有一個孔，直徑從一碼（約〇．九一公尺）到十二碼（約一〇．九七公尺）不等，直徑越大，石幣的價值（面額）就越大。

這種石幣巨大而笨重，在交易過程中往往無法搬回家，但「有智慧」的島民們發明了一種所有權確認制度，石幣可保留在原有主人家或公共場所，交易購買者在石幣上畫一個符號以表自己的權利，由此石幣所有權發生轉移，交易完成。

島民們對這種巨型石幣的信仰，甚至達到忘我的境界。據說島上有戶人家非常富有，其富有的資本竟然是因為這家人有一位傳奇先祖，曾在島外獲得一塊大得出奇的石頭，並加工成「幣」，但在運回本島的過程中，遭遇風暴「石」沉大海。這家人的先祖回到島上，雖然所有人都沒有看到這塊幣，卻依然認可這塊巨型幣的真實購買力，以及這戶人家對這塊巨型石幣的所有權。

島民竟然會把一塊早已沉入大海的石頭當作財富，在我們看來難以理解，但這也正表示島民們對這類石頭的價值稀缺性擁有共識。

共識的白話解釋就是：它之所以有價值，是因為人們認為它有價值。

這也再次印證了我們之前所說的，**雖然稀缺性是決定價值的前提，但是如果沒有共識，稀缺性也沒有意義。**

## 黃金不再是貨幣工具，價格卻一直走高？

黃金之所以稱為世界通用的貨幣，也正是最鮮明的例子。

黃金是一種非常特殊的金屬，特殊在於其優秀的抗化學腐蝕和抗變色的屬性。距今兩千多年的漢代貴族墓，打開之後發現的陪葬品如果是青銅器和鐵器，必定是鏽跡斑斑，唯有黃金，依然保留下葬時熠熠生輝、閃閃發亮的樣子。

黃金的化學穩定性高，在各種酸鹼中都非常穩定，在空氣中不氧化也不變色。哪怕在攝氏一千度以上的高溫，黃金也只是熔化，而不氧化、不變色、不損耗。這是黃金跟其他金屬最大的差別。

此外，黃金也比較柔軟，易於鍛造和延展。這些屬性綜合起來，使得黃金成為人類歷史上最重要的貨幣。黃金的使用最早可以追溯到西元前二五〇〇年。這正是政治經濟學家馬克思（Karl Marx）所說：「金銀天生不是貨幣，但貨幣天生是金銀。」

古人還需要以黃金當作貨幣，以完成商品互換，而現代人早已不再需要黃金作為交換過程中的等價物了。特別是一九七三年布列敦森林制度（按：Bretton Woods system，一九四四年七月至一九七三年間，世界上大部分國家加入以美元作為國際貨幣中心的貨幣制度）走向終結，美元不再與黃金掛鉤，各國之間匯率的依據，都是各自法定貨幣的內在價值，黃金不再作為結算的工具。

然而，黃金價格卻從一九七一年的每盎司四十二美元，一路飆升至一九八〇年一月的每盎司八百五十美元，十年間價格翻了二十倍，二〇二三年更是已經超過了每盎司兩千美元。二〇二五年四月，現貨黃金價格甚至一度衝上歷史新高點——每盎司三千五百美元。

隨著黃金價格的不停上漲，社會上對黃金未來走勢的熱議越來越多。許多媒體記者採訪我，問題都是：**黃金不再是貨幣工具，為什麼價格還一直走高？**

花旗集團（Citigroup）前首席經濟學家威廉．比特（Willem Buiter）曾尖銳的指出，黃金並沒有那麼值錢，只不過是「延續了五千年的泡沫」而已。

他認為，黃金不同於其他任何商品，唯一和它相似的只有比特幣（Bitcoin）等虛擬貨幣。黃金從地下開採，且必須冶煉至一定的純度，成本非常昂貴，儲存成本也很高，這一點和比特幣很像。此外，黃金也沒有太大的工業用途，它所有的工業用途都有與它類似或更好的替代品。

然而，黃金依然是世界通用的另一種形式的法定貨幣，它之所以有價值，是因為人們相信它有。這種對於黃金價值的共識，已經在幾千年的歷史中，深深印在了人們的基因裡。

英國劇作家威廉·莎士比亞（William Shakespeare）在《雅典的泰蒙》（*Timon of Athens*）中就這樣寫道：「黃金真是一尊了不起的神明，即使他住在比豬窩還卑汙的廟宇裡，也會受人膜拜。」

黃金在世界各地人們心中的共識如此之高，已使其成為一種天然避險工具。對於一般投資者來說，黃金是最合適的抗通膨、抗風險工具。同時，黃金具有流動性強的優勢，在資本市場報酬率低、不確定性高的背景下，特別是美元指數走低的趨勢下，黃金價格持續走高也就成為合理現象（見下頁圖表 2-1）。

黃金的價值不僅存在一般百姓的心中，甚至還鐫刻在各國央行的「座右銘」

上。據世界黃金協會（World Gold Council）報告，即使二〇二三年黃金價格暴漲，依然沒有攔住各國央行購入的步伐。

當年，全球央行淨購金量（購入量減去賣出量）約一千零三十七公噸，僅次於歷史最高的二〇二二年（約一千零八十二公噸）。其中，中國央行淨購金量為兩百二十五公噸，居各國之首，超過全球央行總新增數量的二〇％。根據中國人民銀行公布的資料，截至二〇二四年三月，中國已經連續十七個月增持黃金，共計增持一千零一十萬盎司（約兩百八十六公噸），二〇二四年三月底黃金儲備

**圖表 2-1　金價與美元指數**

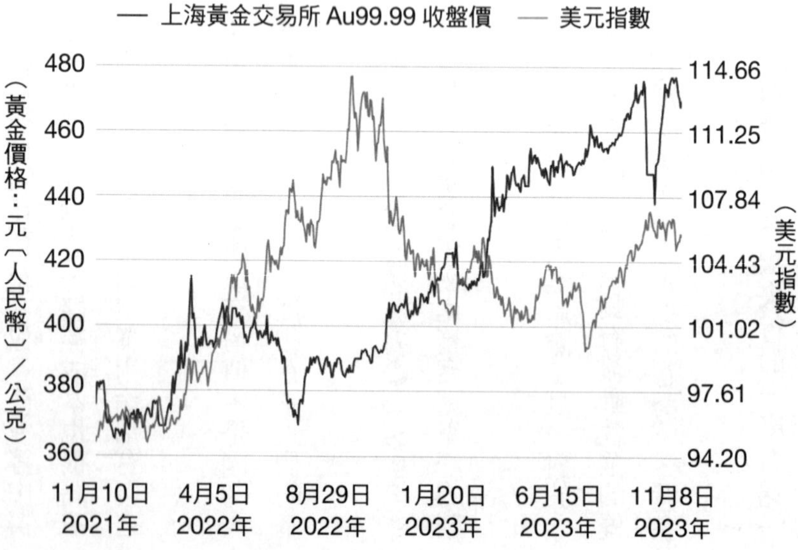

總量為七千兩百七十四萬盎司（約兩千零六十二公噸），黃金儲備估值已經達到一千六百一十·六九億美元，在中國官方儲備資產的占比，從二〇二二年十月的三·一九%，上升至二〇二四年三月的四·六四%。

這就是共識的力量。

當然，黃金的價格並非只漲不跌，在歷史上也曾出現過多次黃金價格劇跌。因此，即使是凝聚各國央行和全球人民共識的黃金，也存在投資風險。

成語「買櫝還珠」，珠是大家有共識的價值，而櫝（盒子）再精美，也只是個人認可的價值。所以，在價值判斷上，不要只相信自己，還是要遵從大眾，否則可能就要漏財了。

# 3 孫悟空為什麼只能當個弼馬溫？

很多人或許都曾抱怨過，自己空有一身本事，卻不被重用。為什麼？因為**再稀缺的本事，也要找到適用的地方**。

例如小說《西遊記》裡的孫悟空，一個跟斗十萬八千里，十萬天兵天將都降不住他，能力肯定很強大。可是，為什麼他在天宮裡只能當個弼馬溫（按：負責照料玉帝的坐騎，官職小）？

他的能力是稀缺的嗎？是。如果人人都能一個跟斗十萬八千里，孫悟空就沒什麼可驕傲的，但事實上只有他做得到這件事。此外，他打敗了天宮裡所有武將，可說是武藝超群、無人能敵，這樣的能力肯定是稀缺。

只是，單有稀缺性不夠，還必須適用。他的能力在天宮裡是否有適用的職位？

一個跟斗十萬八千里有什麼用，送信嗎？天上神仙都是上知天文、下知地理，手指一掐還能預知未來，還需要送信嗎？

那麼，戰鬥力高總有用吧？事實上，天宮之中歌舞昇平、人間天上其樂融融，根本沒有戰爭。即使擁有高戰鬥力，卻是空有一身本領，沒有仗可打，才會不被玉帝賞識。

這麼看來，孫悟空這些本事看起來很厲害，實際上都沒有用處。再深入想想，為什麼這些本事天上神仙都不會，是因為他們學不會嗎？還是他們本來就知道翻跟斗沒用，戰鬥力強也沒用，所以大家都不學？

若是如此，弼馬溫一職已是對孫悟空非常厚待了。因為他的本事對玉帝來說並無用武之地，哪怕是弼馬溫，也不是非他不可。

天上神仙都各懷絕技，玉帝能成為神仙的共主，必然有用人的大智慧。翻跟斗唯一能想到的用處，或許就是防止天上的馬跑太遠追不回來。

## 才能只有稀缺不夠，還要適用

許多人可能都有過這種懷才不遇的感覺。例如，你擅長市場開發，但在一個已經成熟的大企業裡，市場開發可能並不重要，甚至已經無可開發，重要的反而是維護現有關係。這時候你身處其中，市場開發的才能並不會換來更大的價值，你可能也會覺得委屈，但真的是老闆沒有慧眼識英才嗎？也有可能是你的才能在這裡並無用武之地。

你可能覺得委屈、不服，覺得我能力出眾，憑什麼不被重用。這確實不合理，但也有一定的道理，因為才能不等於價值，你的才能無處應用也就沒有價值。你若不想接受，就要用自己的方式證明你有價值才行。

孫悟空也是如此。他自視甚高，不甘於才能被荒廢，於是反出天庭，以為憑自己強大的能力定然可以推翻玉帝，結果被如來佛祖一掌壓在山下，從而埋沒了五百年。

在這裡，我想岔開講個題外話：為什麼孫悟空一個跟斗十萬八千里，還是「翻不出五指山」？

因為佛祖是規則的制定者，能力再強都要受規則約束。他說你翻不出去，你就翻不出去。這就是我們常說「制定規則」的重要性。

什麼樣的人才能制定規則？就是開拓者，他們開闢了一個行業，自然也就擁有劃定這個行業規則的話語權。若想改變規則，你就必須有能力另起爐灶、再譜新章，說起來這也是世界上國與國之間、頂級企業之間較量的最高階段。

回到原本的主題，「懷才不遇」應該怎麼辦？我們繼續看孫悟空的例子吧。

孫悟空的才能真正得到發揮是什麼時候？是輔佐唐僧西天取經之時。一路上有九九八十一難，必須有一個人挺身而出打敗妖魔鬼怪，萬一打不贏，還需要一個跟斗翻到各個地方搬救兵。誰擁有這些急需的才能？正是孫悟空。

所以，他成為取經隊伍裡的「大師兄」，最終從弼馬溫躍升為鬥戰勝佛。

也就是說，**才能只有找到適用的「修行道場」才能展現其價值，最終脫穎而出**。

其實，現實中也有一位這樣的「孫悟空」，他曾這麼回憶自己的求職經歷：「我求職失敗了三十次。我申請當員警，共有五個人申請，四個人通過了，而我是唯一一個失敗的。美國速食連鎖店肯德基到中國拓店時，有二十四個人應徵，其中二十三個人獲聘，只有一個人沒被錄用，就是我。我申請哈佛大學（Harvard University）十次，都被拒絕了。」

他是誰？他就是阿里巴巴創辦人馬雲。

馬雲這麼聰明、有智慧，為什麼這麼多家大企業都不願意給他機會？這就是人的價值衡量標準不同的問題。**才能只是基礎，關鍵是你的才能要稀缺且適用**。只有找到適合自己才能的位置，才能展現出自己更大的價值。

光是抱怨懷才不遇並不妥當，正確的做法應該是提高自己的才能，尤其要提高那些稀缺的才能，並找到其適用的領域。

# 4 怎麼創造自我價值？學歷只是其一

每年大學畢業生就業的求職季，總會有這樣的新聞：一些知名企業或大廠招聘條件的第一條，就是「九八五」或「二一一」（按：九八五工程、二一一工程的簡稱，兩者皆為中國實施的高等教育計畫，共計有一百一十二間大學入選〔九八五工程為三十九所大學，皆包含於二一一工程內〕。兩計畫已於二〇一六年廢止）院校畢業。

而對碩士畢業生，條件甚至還進一步限縮，要求第一學歷（按：指高等教育體制中獲得的第一份學歷，通常指大學學歷）也必須是九八五或二一一院校。

這件事引起社會廣泛討論，但為什麼許多企業還是年年都把這些要求，當作招聘的首要條件？

這是因為，求職的大學生群體相當龐大，企業在面試時，沒辦法在短時間內以一、兩項指標選出最優秀的候選人，只能先畫一條線，把那些身上貼著「更容易是人才」標籤的人先挑出來，再二次篩選。而前段名校畢業，等於是學校已替企業進行過一輪篩選，出錯機率小了很多。

確實，「雙非」院校（按：即九八五、二一一計畫以外的高等學校）裡也有很多優秀人才，這種做法對他們來說確實不夠公平。但是，企業若想從雙非院校的畢業生中，篩選出這些難得的優秀者，需要耗費大量的精力和試錯成本，對企業來說，不如直接從九八五或二一一院校裡招聘更有效率。

這就是我們每個人對外所展示的自我形象。你身上總有一些東西，代表了你過往的人生，在什麼環境下長大、接受什麼樣的教育、有過什麼樣的成績等，知道了這些，我就可以分析、猜出你可能是什麼樣的人。

若你一身刀疤，卻告訴我你從不打架；你手臂上刺了「生死有命，富貴在天」，卻說自己堅信「人定勝天」。雖然不排除仍有這種可能性，但誰來彌補錯信的成本？

這麼說確實很殘酷，對於非名校出身那些勤奮且優秀的學生來說，很不公平。但我想說的是，這個世界沒有絕對的公平，我自己也是雙非院校出身，我們能做的就是抓住一切機會，用實力證明自己。你若是真的優秀，自然會有人看見。

名校學生身上自帶光環。但是，名校畢業生跟普通大學的畢業生，當他們同時步入社會時，是不是真的有很大差距？

## 人的價值，體現在資金、資本和資源

據說，這是一個美國史丹佛大學（Stanford University）的實驗：史丹佛大學的老師，在商學院課堂上出了一份作業，他把學生們分成三組，給每組學生五美元，看他們能在兩個小時內，把五美元變成多少錢。兩個小時後，大家回到教室，每個組演講三分鐘，分享自己怎麼賺到錢。

如果是你，你會怎麼做？

本錢只有五美元，是不是只能做點小生意？你想的或許和我一樣，拿五美元買一些氣球、棒棒糖，接著以高價賣出，賺個五十美元的差價？

但是，這些人畢竟是史丹佛大學學生。他們已經意識到：我一個史丹佛大學的學生，做什麼賺不到錢？

於是，他們壓根不考慮這五美元，而是開始利用兩個小時的時間，有人當家教，有人替參觀史丹佛的遊客當導遊，兩個小時賺到兩百美元。

但最厲害的是第三組。他們發現，真正有價值的是後面的三分鐘分享時間，於是他們找到一家獵頭公司（按：幫助企業招聘高學歷、高職位專業人士的人才仲介機構），以五百美元的價碼賣掉了這三分鐘，讓獵頭公司用這三分鐘談公司的使命和價值觀，從而有機會招聘到來自史丹佛大學的學生。要知道，這些公司平時可是連史丹佛大學的門都進不來。

為什麼第三組能夠獲得最大的回報？

這是因為**一個人的價值體現在三個方面：你擁有的資金、資本和資源**。

**資金**是什麼？**就是你能夠拿出來的本錢**，本錢越多，能夠投入的自然也就越多。

**資本**是什麼？**其實就是你自己**。史丹佛大學學生這個身分，以及史丹佛大學培養他們的思維視野、知識和學習能力，就是他們的資本，如果能好好利用這些資本，就可以發揮事半功倍的作用。

**資源**又是什麼？**就是你能利用的外部資金和資本**。以這份作業來說，三分鐘的演講機會，就是史丹佛大學提供給他們的資源。身為史丹佛大學畢業生，將來他們還會獲得社會及校友資源給予他們的加持，如果能善加利用這些資源，顯然就能產生更大的槓桿作用。

那麼，對於一個人來說，資金、資本、資源又分別意味著什麼，對自己的價值又有多大的加成作用？

資金往往是制約我們的障礙，因為身為普通人，我們能拿出來的資金有限。而且，資金能為自己帶來的價值也有限，一塊錢的本錢就只能進一塊錢的貨，沒有辦法創造額外的價值。

資本是自身的資源，往往與自身能力和知識相關。如果能學到更多的知識，知識的價值可以成倍複製。例如，哪怕只是學會簡單的短影音製作，這項知識都可以幫你製作出一支短影音，可以發布在多個平臺上。

資源呢？理論上，外部資源是無限的，只要你有本事化為己用，你的價值就有了無限倍增長的機會。例如，如果你有號召力讓許多直播主都幫你直播推銷，你的銷售就可以實現指數級增長了。

這正是人的價值所在。**選擇了什麼路徑，你就能賺什麼錢、過什麼樣的生活**。

我們這種普通家庭的孩子，沒有資金，只有自己這個資本，所以讀書才是唯一的出路。但讀書能帶給我們的，也只是改變自己貧窮的生活，若想要翻天覆地的變化，就必須在資源上下功夫，讓外部的資金、資本能夠為我所用。

## 怎麼讓人願意跟你一起創造價值？

二〇一〇年三月，美團執行長王興籌備創立美團時，他擁有的資金是從朋友那裡借來的人民幣一百萬元，僱用工程師和設計師創建美團的網站和手機應用程式。

但是，面對團購市場的激烈競爭和巨大風險，只靠人民幣一百萬元的借款，和王興帶領的幾個工程師，是沒辦法持續擴張的，該怎麼辦？

接下來就只能借助外部資源了。首先是資金。二〇一〇年八月，王興獲得風險投資公司紅杉資本（Sequoia Capital）一千兩百萬美元的投資；二〇一一年七月，拿到阿里巴巴和紅杉資本五千萬美元的融資；二〇一四年五月，美團宣布獲得三億美元的融資，領投機構為泛大西洋資本（General Atlantic），紅杉資本和阿里巴巴跟投，估值達四十億美元；二〇一五年一月，美團得到總額七億美元的融資，估值達到七十億美元。

外部源源不斷的融資，為美團的擴張帶來極大的本錢。但美團的成功，只是這些資金的作用嗎？

事實上，王興吸引來的資源遠遠不只如此。美團成立之初，他就力邀自己曾經的室友王慧文加盟。正在創辦淘房網（按：中國一個主要從事二手房屋買賣和租賃資訊整合的網站）的王慧文帶著團隊加入美團，在過去十幾年裡，逐漸成為知名的美團「二號人物」和「王興背後的男人」。

此外，美團也透過接受騰訊的投資，與當時的巨頭騰訊結盟，不僅減少騰訊下場競爭的可能性，還從中獲得了巨大的資源支持，這才擁有了與阿里巴巴旗下的「餓了麼」（按：主要提供訂餐、團購及外送的生活服務）對抗的能力。

所以，美團的成功，最主要是王興成功整合與運用外部資源，而整合運用資源的能力，才是一個人真正的價值所在。

我們該如何利用資源成就自己？

你的資源就是你周邊能聚攏的人、能聚攏的財，這就是你除了自己之外的資金和資本。怎麼做到？就要靠你的魅力。你能吸引別人的投入，是因為你能為別人賦能、能給別人帶來價值。**只有你能為別人增加價值，別人才願意跟你一起創造價值**。

因此，你的銷售技巧、溝通能力，以及本身技能的普遍性，就非常重要了。

我經常聽人抱怨，說他想要成功，但是沒本錢。常見的說法是：「我沒錢，所以我沒辦法賺到很多錢。」這代表他的眼界只看到了資金這個層面，只看到錢生錢。

也有人說，我想要做這個，但我沒學過，我不懂、我不會、我不知道怎麼做。這些人則是看到了資本的層面，知道價值源於自己的本事。

但是，相信你也明白了，要提升自己的價值，還要靠資源。

資源從何而來？這其實也正是很多人想要考名校的原因。在現代社會，獲取知識非常便利，只要你肯學，很多名校的圖書館、課堂都是開放的，甚至有不少學校錄製授課影片放在網路上，隨時隨地都可以學習。既然如此，為什麼大家都還想要成為名校的一員？因為**除了知識之外，名校能帶給你的是它的背書，它擁有的校友資源和社會關係，都是你可以拿來為自己增值的資源**。

這正如戰國時期思想家、文學家荀子的《勸學》中所說：「君子性非異也，善假於物也。」（按：君子的資質與一般人沒什麼不同，只是善於利用外物。）

第 3 章

# 陷入價格陷阱，所以你漏財

北京和上海的房價，為什麼會高到普通人一輩子的收入都買不起？

春節後，三亞返程的機票漲到人民幣一萬多元，為什麼還是買不到？

大家都在消費降級（按：指消費時選擇低價產品，以及減少購買非必需品），為什麼奢侈品卻年年都在漲價？

關於價格，我們總是有很多疑惑。按照書上學到的知識，價格是圍繞著價值上下波動。但為什麼我們經常會發現，價格遠遠偏離了我們認可的價值？

## 1 誰決定價格？最有需求的人決定

中國春節期間，有網友在高速公路塞車時，拍到當地村民背著裝滿泡麵的籃子、手拎熱水壺，在高速公路沿線販售，而這一碗泡麵的價格，竟然是人民幣二十元。

平時隨處可見、價格不過人民幣三至五元的泡麵，為什麼能漲到人民幣二十元？

前面談價值時，我曾說**價值是對稀缺性的共識**。水為什麼便宜，是因為不稀缺；鑽石為什麼貴，是因為稀缺。這種稀缺性需要得到大家的共識，如果眾人都認為鑽石是稀缺的，都想要擁有，鑽石就會貴。同樣是石頭，有些碧綠通透的石頭，大家都想擁有，它就會成為無價之寶；而那些顏色雜陳的石頭，可能就被扔在路邊無人聞問。

這就是價值的來源。

價格呢？看起來稀缺的東西確實會賣得更貴，但**價格並不源於稀缺性，而是源於供需關係**。正如上述例子，價格不過人民幣三至五元的泡麵，在塞車這個特殊情況下，由於供需關係發生變化，價格便隨之上漲。

試想：如果有一百個村民背著裝滿泡麵的籃子來賣，價格還會這麼貴嗎？如果這路段不塞車了，價格還會這麼貴嗎？

這支在高速公路上賣高價泡麵的影片，在網路上引發了一連串的爭論。不少人指責這位村民漲價賣泡麵是「牟取暴利」、「缺德」，並號召大家都抵制高價行為，認為只要我們能夠齊心合力，一定能把價格打下來。

當然，這位村民帶著熱水、泡麵的販售過程中，確實比一般的銷售行為多付出了勞力，漲價自然有其合理性。但到底應該漲多少才不是暴利？這個恐怕無法擬定出規範。只要不是強買強賣，就應該交給供需雙方協商決定。

做生意，其實就是「周瑜打黃蓋，一個願打一個願挨」。

更何況，是不是大家都抵制高價，堅決不買，價格就能降下來呢？

## 價格也是需求的篩選機制

前面我們講到，價值確實源於共識。但是價格，並非源自共識。

假設村民帶著的這一籃泡麵一共十包，面對的是車陣中的一百個人。大家都知道泡麵的價值不過就是人民幣三元，這時有九十個人覺得最多只能出人民幣五元，有十個人覺得人民幣二十元可以接受。你覺得最終會怎麼成交？

雖然已經有九〇％比例的人形成共識，但他們的共識不影響價格，因為供應的泡麵只有十包，只需要十個人接受這個價格就夠了。哪怕這十個人也認為太貴、不值得，但是他們能接受，交易就完成了。

再舉個例子：你在沙漠迷了路，已經一天沒有喝水了。這時突然一個小販從天而降，手裡拿著一瓶礦泉水，要價人民幣一百元，你買不買？

當你還沒下定決心付錢時，一個叫馬雲的人從後面追上來，想要跟你爭搶這瓶水的購買權，你覺得馬雲會願意出多少錢買這瓶價值不過人民幣一元的礦泉水？

所以，**價格是供需關係的反映，同時也是對需求的篩選機制**。

當供不應求時，這個供給應該分配給誰？以市場機制來說，就是要篩選出最有需求的那個人，從而實現資源的有效配置。什麼樣的人才是最有需求的人？就要看誰願意為這個供給付出最大的代價了，需求越高的人自然願意付出更高的代價。這個篩選機制就是價格。

價格上漲，可以從眾多需求者中，篩選出付出意願最強烈的那個人，從而讓資源配置更加合理。當然，這個機制未必公平，因為有錢人未必最急需，卻是最願意付出更多金錢的一方。這確實也是市場經濟的局限性，它在資源配置中更注重高效，而非公平。

理解了這件事，也就能理解三亞機票價格「去時百元，回時萬元」的現象究竟是怎麼回事。

在旅遊旺季，往返三亞的機票需求量激增，而供給量相對有限，導致機票價格上漲。反之，在旅遊淡季機票需求減少，供給過剩，價格自然下降。

而春節期間，由於放假期間民眾前往三亞的時間點並不一樣，可能有的早、有的晚，因此飛往三亞的機票需求是分散的，這裡的供需矛盾就沒有那麼突出。而到了年節後，由於上班日統一，所以在假日最後一天要離開三亞的人特別多，但航班並不能隨時增加，供需矛盾就變得明顯。

尤其是在其他人都提前訂票，航班基本上滿員的情況下，如果還有一批人這時才開始訂票，剩下寥寥幾個座位，面臨幾百、上千人的需求時，自然只能透過漲價篩選了。

## 2 買金豆當投資，可行嗎？

近年來，以「小金豆」為主的黃金產品，風靡了中國某些年輕族群。特別是隨著二〇二四年初黃金價格逐步上漲，更引爆了黃金熱。

一邊是金價不斷再創新高，一邊是黃金飾品動輒人民幣數萬元的價格，對於許多剛步入職場的年輕人來說，重量一公克左右的「小金豆」更符合他們的投資喜好。

「金豆」有豆子、愛心等多種形狀，售價一般為當日金價加少許加工費。不只許多知名黃金品牌都推出了相關產品，還有不少直播也販售小金豆。

社群平臺上相關討論熱度持續增長，有人說自己每個月發薪水後就買一顆金豆，有人將存下的金豆拍成照片或影片頻繁「晒金」，還有人互相交流買金攻略，像是哪個平臺容易買到低價、哪家店鋪不可靠等。

相關產品在線上和實體都熱銷，盯金價、買金豆成為不少中國年輕人的日常。為什麼他們要買金豆，而這些積攢的小金豆是不是能積少成多，成就投資美夢？

黃金收益相對穩定，且是二〇二三年以來增值較多的理財產品，因而俘獲了許多年輕人。特別是「按克買金豆」這一新穎形式，降低了黃金的投資門檻，因此受到大家的歡迎。

積少成多的成就感、一粒粒裝進自己精心準備的小瓶子裡的儀式感，讓買金豆有了小時候用存錢筒般的理財感受。

但是，消費品和投資品是兩個不同的領域，若錯把消費品當作投資品，那就真的漏財了。

## 投資品和消費品，差別在哪？

投資品和消費品有什麼區別？

**購買消費品的目的，主要是滿足使用需求。**例如花錢購買食物、衣服、家電，或旅遊、看電影等，是為了獲得快樂、享受生活，這些錢花出去就沒了，這些產品或服務就是消費品。**消費品在購買後，通常不會再增加新的價值，使用後的再出售，也多半只能以較低的價格進行。**

**購買投資品的目的，是為了獲得更多的資本或增加資產價值**，如股票、房地產、金銀首飾、收藏品等。投資品在購買後，可能不需要追加新的使用價值，但可以透過與其他資產組合或市場運作，實現價值增值。**投資品可能具有保值、增值的特性，但同時也伴隨著風險**。投資品的價值可能會因市場波動而增加或減少，因此投資品的價格波動性較大。

簡而言之，消費品是買來享受的，只要自己能夠獲得比價格更好的享受，那就值得。而投資品是買來保值與增值，想要實現的是將來能以比購入價格更高的價格出售。

就這個角度來看，小金豆究竟是消費品還是投資品？

從各個銷售平臺上看，賣家都是以投資的形式推銷小金豆，主打的是「囤黃金，賺差價」。但是，小金豆符合投資品的標準嗎？

首先看看小金豆的價格。各大品牌在出售金豆時，往往會在金價的基礎上，再加上一筆「加工費」，網路資訊可以看到，一款同造型的一克重金豆，不同商家的售價可能相差人民幣一百多元。這個超出金價部分的費用，就是加工溢價，屬於消費金飾的訂價方法，這也是商家的利潤來源。

如果是作為消費，這個加價無可非議。但如果購買金豆是當作投資，將來想要出售時卻只能按照基礎金價計算，加工費就成了不可挽回的成本。因此，金豆類產品最好工藝簡單，售價越接近原料金價越好，否則投資價值會打折扣。

其次，你買到的金豆品質足夠嗎？傳統上我們購買實物黃金，會選擇有品牌的銀樓，因為這些管道的黃金實物，相對來說品質更有保障。然而，現在很多年輕人是看直播跟風買金豆，由於對黃金成色不夠了解，只聽到直播主說黃金是「九九九足金」，就欣然下單。

實際上，黃金儲備中，大多是「AU9999」才能被稱為是真正意義上的純金。其中的AU是黃金的化學符號，表示材質為黃金，而9999指的是黃金純度，也就是黃金含量為九九．九九％，多半製作成金條、金磚，因為這種純度的黃金不適合製作成首飾。

首飾製作中經常用到的是千足金，黃金含量是九九．九％。許多直播中所說的「九九九足金」，往往就是這種用來製作金飾的千足金。

這兩者的黃金含量雖然只相差了〇．〇九％，但純度截然不同，特別是出售價格可能完全不同。

再者，你買的金豆能回收嗎？投資金條一般具有出售方的檢測證明，大部分都有保證回收的條款，如果選擇將金條賣回給原來的購買機構，由於雙方對品質不會有疑義，可以較快以當時的金價交割。

但目前黃金實物銷售市場的回收管道並不是很暢通，某些金店只銷售金豆而不回購，或只回購特定品項。此外，回購時還可能面臨金價下跌、回收價顯著低於賣出價、店鋪收取手續費等問題，都會使投資者遭遇損失。

因此這樣看來，小金豆雖然確實有囤黃金的作用，但由於是錯把消費品當作投資品購買，沒有考慮到兩者價格上的區別，反而會造成漏財。

## 生養孩子是投資還是消費？

那麼，有購買消費品當作投資，最終實現保值、增值的案例嗎？真的有。

有個朋友曾告訴我：「我在路易威登（Louis Vuitton，通常縮寫為LV）官網入手的CarryAll，當時人民幣一萬六千五百元，現在已經到了人民幣兩萬零六百元，漲了超過二〇％！既可以背兩年，用完還能加價賣掉，比任何理財產品都強！」

奢侈品頻繁漲價，讓許多人有了投資奢侈品包包的念頭。

漲價的奢侈品品牌並非只有LV，香奈兒（Chanel）、愛馬仕（Hermès）等奢侈品品牌都是藉由常年漲價，以抵消通貨膨脹對產品的「隱形貶值」效應，從而維持其高價位形象。雖然品牌都強調漲價是出於原料漲價、人工費用上漲及通貨膨脹，然而其底層邏輯卻是透過不斷漲價、限量等方式，增強奢侈品的稀缺性，並提升購買門檻，篩選出真正的ＶＩＰ客戶，讓他們享有尊貴感。

因此，品牌宣布漲價，人們就瘋狂買單，究其原因，排隊瘋搶的通常都是品牌的經典商品，具有一定的保值和稀缺性，不少人會抱著「早買早賺，入手不虧」的心態，漲得越快、買得越多。

試想：假設你幾年前以人民幣五萬元價格，入手香奈兒ＣＦ（經典小型口蓋包），如今售價突破人民幣八萬元，再看那些還在為沒入手而後悔的人時，你的心中肯定也會暗自竊喜吧？

但如果真的想把奢侈品當作投資品來買，還需要注意，不是所有的奢侈品品牌和產品都能夠增值，必須考慮該產品的品質、種類、變現管道、保存狀態等條件。因此，你要預估該產品幾年後還會流行且容易變現，同時要小心保管，不能輕易留下使用痕跡，這樣才能實現投資收益。

這麼看來，包包本身屬於消費品，如果想要實現投資收益，就必須像購買投資品一樣考慮它的流通性、稀缺性、變現性等條件。

如果不懂得投資品和消費品的區別，看到別人買了名牌包，又聽說名牌包能增值，於是也跟著買，很可能會買到一大堆自己認為是資產，實際上卻是不斷貶值的商品。

在現實中，有很多行為都是混淆了投資和消費的區別。舉個最常見的例子：**生養孩子到底是投資還是消費？**

**很多父母把自己的孩子當作投資品，希望得到應有的回報，所以會對孩子有諸多要求。**希望他好好學習、能夠讀個好學校、將來能有穩定的工作，還希望他未來能在自己身邊，照顧自己的晚年。很多孩子因此叛逆，跟父母發生激烈的衝突，甚至水火不容。這些矛盾的根源，都是父母把孩子當成投資品。

如果我們把生養孩子當作一種消費行為呢？花在孩子身上的每一分錢，都已經「消費」掉了，而「消費」之後你得到的，是付出的滿足感和養育一個生命的體驗。當你不再尋求回報，才會真心為他的每一步感到驕傲和滿足。

## 3 優惠券的設計為何那麼複雜？

每年到雙十一（按：各網路購物平臺在每年十一月十一日的大型促銷活動，最早起源於中國阿里巴巴旗下購物網站淘寶網，現已演變成全行業一年一度的購物活動，及影響全球零售業的消費現象），很多人都摩拳擦掌準備好好消費一番。

為什麼？因為雙十一有很多優惠活動，例如拼單領券（按：與他人一起購買同件商品，以獲得更多折扣）、滿減（按：滿足一定消費金額，可享受相應的減免）等活動，可以獲得更低價的商品。

可是，為什麼淘寶要把優惠券規則設計得那麼複雜？為什麼不直接降低價格，而是規定只有使用優惠券才可以獲得優惠？

這就要從商家的訂價策略說起。

假設某商家推出一款手機，成本三千元，打算以五千元的價格銷售，可是過了一段時間，商家發現願意以五千元購買手機的人並不多。調查後發現，張三願意以五千元購買，李四和王五願意以四千五百元購買，而劉六只願意出四千元。這時該怎麼辦？降價？如果以原價五千元銷售，只能賣出一支手機，獲利兩千元；如果降價到四千五百元，可以賣出三支，總獲利四千五百元；如果降價到四千元，可以賣出四支，總獲利四千元。

這麼來看，是不是直接降價到四千五百元，就可以實現利潤最大化？

但如果採取優惠券的方式，進行差別化定價呢？

原價定為五千元，張三不需要優惠券就會下單；李四和王五本來不願意下單，但是給他們五百元優惠券，剛好達到他們購買的心理價位，自然也會改變主意；而劉六則需要一張一千元的優惠券，才能夠促使他下單。

這樣來看，針對消費者特性所發放的優惠券，能實現多少利潤？答案是六千元。從利潤上來看，發送優惠券比直接降價，可以賺到更多的利潤。為什麼會這樣？

## 讓每個消費者，都以他能接受的最高價買單

經濟學有個名詞叫「消費者剩餘」，指的是**消費者在購買一定數量的某種商品時，**

**願意支付的最高價格與實際支付的價格之間的差額。**

白話一點來說，就是**消費者願意付的錢，跟實際付的錢之間的差額**。

在上述例子中，張三本來願意支付五千元，如果定價是四千五百元，他的消費者剩餘就是五百元。消費者剩餘越多，當然會讓顧客越開心，但商家會很心疼，因為本來顧客願意出的錢，因為定價過低，最終留在顧客的錢包裡，而不是進到店家的口袋裡。

因此，最理想的情況是，每個人分別按照自己能接受的最高價購買。如果有一個方法，能讓張三消費五千元、李四和王五消費四千五百元、劉六消費四千元，每個人的消費者剩餘均為零，這樣的情況下，商家才能達到最賺錢的狀態，也就是利潤最大化。

優惠券確實讓消費者省錢，同時商家也賺到錢。這件事表面上看起來不合理，買家更省錢，賣家更賺錢，難道錢能憑空變出來？

真實的情況是，**省錢的消費者和不省錢的消費者不是同一群人，而優惠券達到了分眾效果**。

優惠券其實還有很多種表現形式。例如美國私立大學的獎學金制度，也借鑑了優惠券的形式。首先，他們設置一個比較高的學費標準，對於家庭殷實、有較高支付能力的學生來說，自然就多繳了不少學費。而針對家庭收入較低的學生，他們則以獎學金制度，讓這些學生變相以更低的學費進來。此外，對於特別富有、有意願支付更多錢讓自己孩子入學就讀的家庭，怎麼辦？學校還有捐贈制度，誘使家長捐出一筆數額不菲的款項（像是為學校建設全新的宿舍）。

要藉由優惠券實現差別化定價，最關鍵的是要知道每一個消費者對產品所願意支付的最大金額，並以此決定其價格。最終價格正好等於消費者對產品的需求價格，因此，為每一位顧客及其所購買的每一單位商品制定不同的價格，使商家能獲得每個消費者的全部消費剩餘。

請你想想，什麼情況下會如此訂價？

較常見的就是路邊小販。他們在販售商品時，往往先喊出一個非常高的價格，接著再以討價還價的方式獲取消費者的心理價位，爭取以消費者最高心理價位售出商品。

這種消費也往往用於非常規的產品。當人們無法在大的市場上獲得一致的價格標準時，只能依靠自己的判斷給出心理價位。

到了網路時代，資訊越來越透明，任何東西在網路上一比價，就可以查到別人的銷售價格。這時候，要怎麼透過優惠券實現差別化定價？

雙十一的優惠券機制便是如此。這套機制很複雜，每年都會引起大量討論，為什麼它們不能簡單一點？

站在商家的立場，既要給使用者優惠，以吸引更多人購買，但又不能讓所有人都享受到最低的優惠，而且還要盡可能讓更多人以他們可接受的最高價下單，只有這樣才能實現利潤最大化。為此，優惠券的機制設定，必須讓每個人在感覺到價格合適時，就停止進一步尋求更低優惠的欲望。而複雜的優惠機制，就能夠實現這一目標。

當價格高於心理可接受的最高價時，時間與精力的價值小於優惠的價值，用戶會自發性參與活動，以獲取優惠。而當價格低於心理可接受最高價時，用戶就失去動機繼續參與優惠活動，而會直接進入下單流程。

透過這樣付出成本以獲取優惠的機制，商家得以針對不同使用者給出不同優惠，完成分眾與區別定價。最終，不同消費能力的用戶都認為自己省到錢了，同時消費者剩餘都為零，商家也實現了利潤最大化。

不僅雙十一，手機電商購物平臺拼多多的「砍一刀」也是如此：只要滿M個人成團，立刻降價；再滿N個人成團，又降價。這樣的方式，讓同樣的商品因不同用戶而形成高、中、低多個價格，抓住了所有有購買意願、甚至本來沒有購買意願的消費者，不管是較高支付能力者，還是較低支付能力者，全部都「一網打盡」。

## 4　免費，其實是讓你用別的方式付費

雙十一優惠券盛行時，曾出現一個笑話：某平臺免費贈送人民幣五元的超級跑車藍寶堅尼（Lamborghini）優惠券、人民幣五十元瑪莎拉蒂（Maserati）購車券、人民幣五百元波音七八七（Boeing 787）購機優惠券。網友們紛紛調侃：我與超級跑車的距離，只差一張人民幣五元的優惠券。

當然，大家都是當作笑話，笑笑就過去了。是否真的有人會因為收到一張人民幣五元的優惠券，就興沖沖買下藍寶堅尼？我不知道。但因為一個小甜頭而付出巨大代價，這種事在生活中並不少見。

我家樓下有一家理療店，主打一款溫熱治療儀，據說可以排溼、排毒。某次他們發起免費理療活動，附近的老先生、老太太們都來排隊。

排隊的人多了，每個人能接受治療的時間就短了，往往還沒感受到效果，就要輪到下一個人。於是，店家就開始跟老人家們推銷：這種超聲波療法每天要使用三至四個小

時才能發揮最大作用，但現在體驗的人太多，平均一個人排隊兩、三個小時才能輪到一次半小時的體驗，根本無法達到治療效果，怎麼辦？最好是花人民幣兩萬元買一臺治療儀帶回家，全家都能用，方便又高效。

據說，這家店每天賣出十幾臺治療儀。

先不說治療儀的效果如何，本來打算去占便宜、信誓旦旦說「我就是去免費體驗，肯定不掏錢」的老人家們，為什麼各個都刷卡消費了？

**天上不會掉餡餅，即使真的有餡餅掉下來，小心地上也有個陷阱在等著你。這便是社會學中著名的「餡餅定律」。**

也許很多人會說，老人家不容易辨識出商家的套路，所以才會掉進他們設置的消費陷阱裡。但是，如果我們真的能做到堅決不花錢，是不是就真的能省錢了呢？

## 所有命運的饋贈，早已在暗中標好了價格

在這裡，我想先講個寓言故事：

有個很愛占小便宜的人到市場買鞋，想買好的又捨不得花錢。一個攤販告訴他：

「我這裡的鞋隨便你穿，一分錢都不收，但有一個條件，就是你三天內不能說話。」

他心想：這有什麼難的？於是挑了一雙售價五百元的鞋子，高高興興的回家了。

回到家後，無論妻子跟他講什麼，他都一言不發。全家人急壞了，大夫也無法診斷出原因，認為這可能是某種怪病，無藥可醫。

三天後，那個攤販來到他們家，與他妻子說了幾句話，接著又悄悄對他說：「期限已到，你可以說話了。」說完便離開了。

於是，他跑到妻子身邊，興致勃勃的講了事情的來龍去脈。沒想到，妻子瞪大了眼睛說：「可是，剛剛那個攤販跟我講，他可以醫好你的病，只是要收取一千元……。」

當然，這只是一個故事。但現實中是不是也有類似的事情？

世界上沒有免費的午餐。正如那句名言所說：「**所有命運的饋贈，早已在暗中標好了價格。**」**免費，不過是換成以另一種方式付費罷了**。

為了免費在影音平臺看影片，就要忍受一定時間的廣告置入；為了搭乘商場的免費接駁車上班，就要花更多的時間跟其他人等車、搶座位，甚至可能被強行帶去商場裡逛一圈。

你付出的時間、精力、關注度，都是你的財富。你本來可以用來做更多有意義的事情，結果就因為這點便宜，失去了更有價值的生活品質。這一點，相信學過機會成本的你很容易理解。

錢，不會賺，就得會花。

這是很多人必須面對的現實。不管是實體零售巨頭沃爾瑪（Walmart）的「Save money, live better（省錢，過得更好）」，還是線上電商巨擘亞馬遜（Amazon）的「Spend less, Smile more（更少花費，更多笑容）」，再或者是中國京東買藥更直白露骨的「藥多省，有多省」，這些宣傳語都指向同一個意思：既要省著花，還要花得美。

為此，還出現了一個新名詞：消費左移。

所謂消費左移，指的是在橫軸為價格、縱軸為品質的座標系中，在經濟衰退的社會背景下，縱座標位置保持不變，同時橫座標整體向左移。也就是說，**越來越多人希望保持同等品質的情況下，花費越來越少**。大家既對價格敏感，傾向於低價消費，同時又想盡可能保持應有的商品品質或消費品質。反映在這個座標系上，就是大眾的消費訴求開始向左平移（見左頁圖表3-1）。

「三年了，商家等著我們報復性消費，結果我們都選擇了放下仇恨！」

這句調侃簡直讓人笑中帶淚。不管是主動還是被動，幾年下來，在新經濟週期越來越明確的背景下，很多人的消費觀確實產生了巨大改變。他們放下了「仇恨」，放棄了「報復」，越來越遠離消費主義，遠離各種華而不實的消費觀，改為更務實、更懂得量力而為。

畢竟，現實中充滿裁員、失業、減薪等各種不確定因素，因此人們在消費上會變得越來越理性，在真實需求的基礎上，篩選更有性價比、更加「價低質優」的商品。

只是在省錢這條路上，我們也要注意，有時候過於追求省錢，反而會漏財。

**圖 3-1　消費左移曲線**

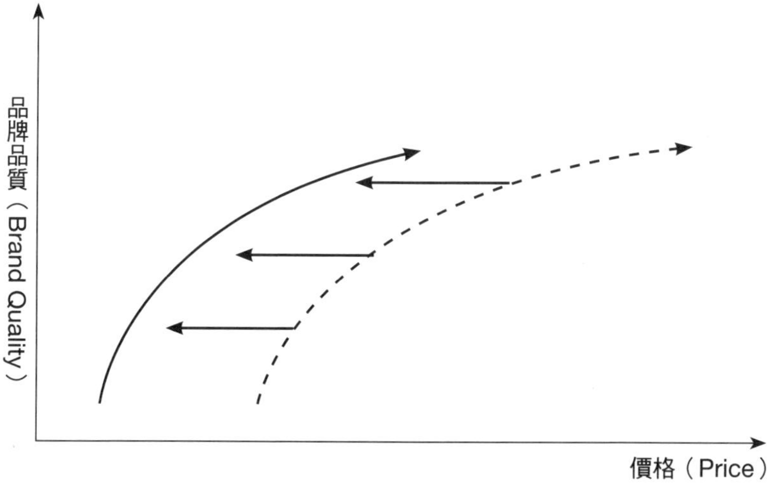


現在 ——　　從前 -----

關鍵詞：折扣、性價比、價低品質高

關鍵詞：越貴越好、奢侈消費、高溢價

例如春天到了，某個人想去日本看櫻花，於是查了一下機票價格。他發現，整個櫻花季的機票價格都很貴，只有稍早幾天的機票比較便宜，只相當於櫻花季的三分之一。本著省錢的目的，他毫不猶豫訂下早幾天的機票和住宿。但是，等他興沖沖到了日本京都，才發現櫻花還沒開，剛好在他回國後才會逐漸盛開。

他雖然是省了錢，結果消費的目的完全沒有達到，這筆錢是不是就等於白花了？

# 5 會員制超市，誰賺誰虧？

講了那麼多商家的套路和價格陷阱，是不是代表「買的沒有賣的精」，消費者只能任人宰割，甘心做「韭菜」了？

倒未必如此。商家之間需要爭奪消費者，但更希望培養忠誠度高的消費者。如果你可以利用商家對消費者忠誠度的需求，也不是不能「薅資本家的羊毛」（按：中國流行用語，指從商家手中占到便宜。薅音同蒿，拔掉的意思）。

例如，會員制。毫無疑問，這是一個萬物皆可會員的時代。每個人為會員買單的消費，就算以年為單位累計，也是一筆不小的數目。應用程式各不相同，各種商品服務資訊看得人眼花繚亂，消費者可能無意識中就會掉進商家的陷阱。接下來，我們就聊一聊會員消費「陷阱」這件事。

時至今日，加入店家會員幾乎已成了慣例。

花錢辦卡才能進門，這樣的店你會去嗎？二〇二三年四月，有人發布了一段自己在山姆會員商店（按：Sam's Club，美國零售商沃爾瑪旗下的倉儲式商店，在美國有超過六百間門市，中國則有超過五十間）的體驗影片，店員阻止非會員入店消費的片段引發許多輿論。畢竟現今許多服務都可以免費，先花錢才能入店消費的模式確實特立獨行。再加上「會員專屬」總能給人無限遐想，於是，「低調」的山姆會員商店就這樣走進了大眾的視野，網紅紛紛跟風入店消費，迅速捧紅了烤雞、榴槤千層蛋糕等多項商品。

而山姆會員商店也抓住這波機會，順勢推出「卓越會員搶茅臺」的活動：先花人民幣六百八十元成為山姆卓越會員，積分達到三千分後，就可以獲得人民幣一千四百九十九元購買兩瓶茅臺酒的資格。

此後，中國的山姆會員商店出現了前所未有的景象，原本寬闊的走道擠滿顧客，幾個擺放網紅產品的貨架常大排長龍。熙熙攘攘的人群中，不僅有慕名而來的新舊顧客，還有大量使用單次會員卡的嘗鮮者，和專買各種網紅產品的「山姆代購」。

## 真正的利潤不在賣商品，而在會員

會員制超市在國外非常流行。以好市多（Costco）為例，截至二〇二四年二月十八日的第二季業績報告顯示，其第二季淨利潤達到十七．四三億美元，其中會員費收入達十一．一一億美元，占利潤的六四％。也就是說，好市多利潤的主要來源就是會員費收入，而不是銷售商品的差價。

為什麼這麼多人願意花錢，獲得一個到好市多消費的資格？

從商業模式看，好市多這類倉儲式會員制賣場，與傳統超市有很大不同。傳統超市大部分利潤來自商品進價與售價間的差價。而倉儲式會員制賣場把商品售價當成了引流的途徑：店家在精選店內商品的同時，主動壓低商品的毛利率，利用「低價精選」的策略吸引大量消費者。事實是，**倉儲式會員制賣場盈利的關鍵點並不在「賣貨」，而在會員費制度**。

對消費者而言，成為好市多的忠誠會員，將自己日常的消費管道全部轉移到好市多，可以享受到更低的價格和更優的品質，從而降低自己的消費開支。而好市多也透過集中眾多忠誠顧客，實現批量銷售規模，同時降低營運成本。

這種透過**培養客戶忠誠度以實現規模效應**的商家，其實並不少見。

例如各大航空公司都推出了會員計畫。以中國東方航空為例，會員可以享受里程積分和航班優惠。金銀卡會員都可以優先辦理登機報到手續，以及享有優先登機的服務，減少在機場的等待時間。此外，會員還可以在機場的頭等艙或商務艙休息室候機，享受舒適和私密的空間，以及免費的小吃、飲品等福利。這些服務可以讓持卡人在旅行過程中，更加從容和舒適。

特別的是，如果你升到白金卡會員，還可以獲得每年二十張中國國內航線的升等券、四張國際航線的升等券，以及三個晚上的豪華飯店免費住宿。在當前國際航班價格奇高的情況下，光四張升等券的價值就已是人民幣好幾萬元。

為什麼中國東方航空願意為忠誠度高的會員，提供這麼大的優惠？

因為在激烈競爭的航空市場，各大航空公司之間要爭搶飛行次數較多的優質顧客。如果能將他們穩定在自己的消費客群，就會成為公司收入的主要來源。

如果你恰好是常有出差行程的人，只要在訂機票時優先選擇某家航空公司的航班，就有可能成為該公司的金銀卡、甚至白金卡會員，獲得這一真金白銀的「大禮包」。

既然你總是要坐飛機的，與其每次都選擇不同航空公司，還不如在價格相差不大的情況下，主動成為其中一家的忠誠顧客，從而獲得「薅資本家的羊毛」的機會。

不僅航空業如此，其實飯店業也是。

全球飯店業最大的連鎖機構——萬豪酒店集團（Marriott International），就以會員計畫為忠誠顧客提供了一系列的服務。例如，白金卡以上級別的會員，不僅可以獲得更高積分換取免費住宿，還可以享受免費早餐、酒廊使用權、客房升等等待遇。對於經常出差的人來說，如果優先選住萬豪旗下的飯店，不僅可以換取積分，還能夠免費在酒廊吃吃喝喝，其實也就是變相省了錢。

而對飯店來說，把你從別家飯店吸引到自家飯店來消費，擴大了自家的市場規模和營收，就是最大的利潤來源。

沒想到吧，「割韭菜」和「薅羊毛」還能雙贏。

第 4 章

# 計算成本，
# 比算收益更重要

無成本創業，年收百萬！

十堂課實現財富自由！

不知道你是否也經常看到這類廣告？生活中，我們會遇到很多誘惑，商家總用斗大的字，寫著你可能會獲得的收益。且不論這些收益實現的可能性，總要先了解實現這筆收益，需要付出什麼代價吧？

不過，對方往往不會寫那麼詳細。

但你自己要明白，任何事情都要計算成本，不談成本、只談收益的，背後多半都有問題。

# 1 失去的機會，也是成本

二〇二一年九月，中國員警「反詐老陳」陳國平，以與網路直播主連線的方式宣傳反詐知識，迅速走紅，一個晚上打賞收入就突破百萬。半年後，陳國平宣布辭職。

但僅僅一年多之後，在談及網路爆紅後辭職的決定，老陳表示：「如果再選擇一次，我不會那麼衝動。」

二〇二四年二月，他告訴全國各地的警方，如果哪裡敢用他、想用他，以及能用他的話，可以主動和他聯繫。老陳說，當初辭職是自己沒看清形勢，低估了網路環境的複雜性。辭職後的日子，他嘗試過直播帶貨、開農場等多種事業，但最終發現自己還是更熱愛反詐工作，也更加珍惜員警這份職業。

面對當時網路爆紅和流量帶來了巨大收入，老陳衝動之下才做出辭職的決定。那時候，不只是老陳，很多人也都只看到網紅賺取的巨大收益，卻沒有看到辭職可能要付出的代價。

這個代價就是機會成本（Opportunity Cost）。

## 你能否接受那些失去的機會成本？

人生中，我們總是會面臨各種選擇：遵從父母之命回到小城市，做一份安穩工作；還是遵從自己的野心，到大城市策馬奔馳？該繼續讀研究所，還是早點出社會工作？選擇愛情還是選擇自由？陪伴孩子成長，還是專心工作賺錢？

我們做選擇時，往往會看哪個選項能帶來更大收益。但是經濟學認為，**機會成本才是你做選擇的關鍵考量**。

機會成本是一個經濟學概念。**當你在兩個選項中選擇其一時，捨棄的那個選項所可能帶來的價值或收益，就是你做出選擇的機會成本**。無論你怎麼選擇，都必須捨掉另一個選項所帶來的好處，也就是「魚與熊掌不可兼得」。

簡單來說，當你做出一個選擇時，請想像平行世界裡的另一個你做出了其他的選擇。他所得到的一切，就是你失去這個機會的成本。當你做決定時，不能只看自己，還要對比看看平行時空裡的你。所以說，**最重要的不是會得到什麼，而是你能否接受那些**

**失去的機會成本**。

例如比爾．蓋茲從哈佛大學輟學創業，雖然失去了哈佛大學的畢業證書，但如果平行世界的他為了畢業而錯過網際網路發展的浪潮，這樣的結果他能接受嗎？若這樣看，輟學是不是就成為他最好的選擇？

對於前述的中國員警老陳來說，在他決心辭職的那一刻，看起來是前途光明、收益頗豐，只是他確實沒看到背後隱藏的機會成本。體制內多年的工作經驗、安穩的工作環境和機會，特別是一旦辭職就再也沒有回頭的可能性，這些都隨著老陳辭職，而成為他的機會成本。雖然在此後老陳出書、上遍各大節目、直播有上百萬人觀看，看起來風生水起，但是因辭職而埋下的機會成本卻一直在暗暗衡量著得失。一旦他人氣下滑、收益不再，機會成本就會浮現，成為他後悔、懊惱的源泉。

不知道老陳未來能不能得償所願，但希望他下一次的選擇，不要那麼衝動，先計算好機會成本再來評估收益。因為機會一旦錯過，就不會輕易回來。

機會成本在我們做任何決策時都會存在，只是很多時候我們不會考慮。如果把機會成本的概念引入投資、生活的各項決策之中，你的想法可能就會大不相同。

首先，你在決定投資時，不會再單純只考慮回報，而是會更仔細的確認投資需投入的金錢、資源，以及所有可能實現的投資回報，從中選擇回報最高的一項。例如，你在老家有塊地，平時都是種水稻。若想知道水稻的回報是不是能令人滿意，你就應該考察挖水塘做養殖漁業、開闢成果園等各種情況的收益，從中選出回報最大的一種。

其次，你不會再被收益所迷惑，而會考慮這個收益背後所要付出的代價。

再者，你會了解，我們生活中的一切行為，都存在機會成本的選擇。比方說，我們的時間就有機會成本：難得你今晚有空，該去看電影，還是在家看看檢定考的書？是陪家人，還是跟合作夥伴見面？每個選擇都會有不同的結果。

一旦選擇，時間就匆匆走過，再也無法回首。你做出的每一個選擇，都在一步步的影響著你將來的生活。若你將時間用來工作，你的事業可能會越來越大；用來陪家人，你的家庭會越來越和諧；若你只是用來發呆、玩手機，你會越來越無聊。是啊，如果我們多比較一下，多想想別的方案，也許就不會浪費那麼多時間了。

## 2 人性的損失規避：可以不賺，但不接受吃虧

前一節談到中國員警老陳，我認為他需要考慮機會成本，不要輕易辭職，似乎會讓人覺得我鼓勵大家選擇安穩的體制內生活。但其實，選擇體制也有機會成本。

我大學畢業時，曾面臨兩個選擇：一個是某世界五百強企業在上海分公司的職位，另一個是通過公務員資格考試進入體制。因為家庭的傳統教育，讓我對「公門裡好修行」有著深深的執念。對我來說，「修身、齊家、治國、平天下」的夢想，比眼前的繁華更有吸引力。大城市的繁華，就是我心甘情願承擔的機會成本。

但是，任何一個決定都不是一成不變的。在體制內打拚十多年後，當最初的抱負無法實現，體制內的安逸對我來說也就失去了吸引力，人生的天秤開始傾斜。我最終決定辭職，成為該單位第一個自願辭職的人。

很多人問我，後悔嗎？在體制內那麼多年的心血投入，將來可能還有各種發展機會，我是否能忍心拋棄？當我決心離開，這一切都變成了沉沒成本。

**沉沒成本，是指以往發生的，但與當前決策無關的費用。**從決策的角度看，以往發生的費用只是造成當前狀態的某個因素，**當前決策所要考慮的，是未來可能發生的費用及所帶來的收益，而不考慮以往發生的費用。**

既然你無法回到過去逆轉一切，就沒有必要繼續苦苦掙扎。

你身邊是不是也有這樣的朋友：明知道這段感情不適合，卻依然無法割捨，因為自己已投入了很多的精力、情感，最終導致分分合合、痛苦糾結。沉沒成本就是這樣的雞肋，你不接受失去，就無法擁抱未來。

## 要為了「反敗為勝」的機會繼續耗下去嗎？

例如，你可能也在網路上看過「兼職刷單」（按：不法分子發出高薪兼職〔如在家點點讚、玩玩遊戲，每天就能輕鬆掙錢〕訊息吸引用戶參加，設下圈套不斷鼓動用戶投入更多金錢，最終騙取錢財）的小廣告，你或許認為：這不過只是想騙取點擊吧？實際上，騙子的野心可不止於此。

我曾看到一則新聞，上海某大學的退休教授報警聲稱一個陌生帳號加他為好友，並發送刷單返利的廣告，還附上了他人刷單成功的紀錄。這名教授心想網購竟還能賺錢，便按照對方提供的方式操作，很快就收到對方發來的人民幣二十元佣金。

正當老教授覺得他費了九牛二虎之力，只能賺到人民幣二十元，打算收手時，騙子又發送其他資訊，說由於公司推出限時優惠活動，三分鐘內再刷一筆，可以將首筆的訂單回饋再加五倍返還。

老教授為了不吃虧，趕緊又刷了人民幣一千元的單，但這次本金沒有返還，也沒有佣金，對方聲稱要刷滿五單後才會有回饋。於是，老教授又刷了四筆，共計四千元。這次對方回饋給他人民幣三百二十五元，但本金未還。對方說，必須刷滿十單才能歸還本金，但老教授刷完十單後，對方仍然未歸還本金，還一直要求他再刷兩萬元。

直到卡裡的餘額全部刷完，老教授這才意識到自己被騙了，趕緊報警求助，共計被騙人民幣二十五萬多元。

老教授在面對蠅頭小利時本想及時叫停，為什麼虧得越多，反而越停不下來？

這就是沉沒成本在作祟。

**相對於獲益而言，人內心更看重損失，這就是「損失規避」**（Loss aversion，也稱損失厭惡）。我可以不賺錢，但是不能讓便宜白白溜走，更不能接受虧損。由於本金一直沒有拿回來，這就變成了騙子手上的「誘餌」，誘使著老教授都急昏了頭，為了人民幣一千元的本金不停加碼，結果損失越來越多。

這正是騙局的玄妙所在。不管是刷單騙局，還是投資圈套，都會先給你一點蠅頭小利，之後利用「完成全部任務方能連本帶利領取」、「系統故障」、「回饋金需要時間才會匯入戶頭」等藉口，要求你付出更大筆金額。而大部分受害人因為不願意損失本金，被騙子誘導著一步一步深陷其中，而無法自拔。

現實中，我們面對的問題更複雜，可能會讓我們更容易陷入沉沒成本之中。

一方面，並不是每一次的投入，都能輕易判定其是不是沉沒了。例如，你不知道現在虧損的股票，接下來是會繼續虧損還是反彈；你也不知道創業已經堅持了兩年，接下來會失敗，還是再堅持一下就能看到曙光。

另一方面，從經濟學的角度來看，人們做決定時很大程度上會受到「錨定效應」的影響。

比方說，你會把股票價格錨定在成本價，認為那才合理；你會把兩個人在一起的美好時光錨定下來，在感情破裂時，無法快速接受並走出來；旅遊時，哪怕再不開心，你都會勸自己「來都來了」。

判斷過去的投入是否沉沒，在一些簡單的情況下很容易，例如感情破裂，這時候只需要自己多加提醒和刻意練習，即可克服錨定效應。

但若情況比較複雜，很難判斷是否沉沒時，就要靠你對該種情況更深入和廣泛的研究，多方對比和深入思考以做出判斷。很多時候，我們並不需要一〇〇%準確才能下決定，**只要你判斷你的投入很高機率是沉沒了，那就沒有必要為了微乎其微的「反敗為勝」機率繼續耗下去**。

沉沒成本決定了一個人如何看待他的過去。只有快速認清沉沒成本的事實，不讓它影響當下和未來的決定，才能輕裝上陣，也才能靈活應對瞬息萬變的市場環境。

所謂的斷捨離和放下執念，應無所住而生其心（按：出自《金剛經》，指不執著在任何事物或現象上，才能真正生起智慧心），都是同樣的意思。

## 3 花時間，還是花錢？先算時間成本

有一次，我從上海虹橋機場搭計程車回家，司機問我想走高架道路還是平面道路（按：以下簡稱「高架」及「平面」）。

我想了想，我家距離機場不遠，高架有點繞路，還是走平面吧。而司機說：「平面很容易塞車，高架雖然會繞路，但比較快。走平面估計是人民幣六十元，如果走高架的話，你也一樣付給我六十元就行，多的就算了。」

為什麼司機寧願繞路，自己承擔多出來的油錢，也要走高架省點時間？多走路，少收錢，聽起來不是有點傻嗎？

聽到我的疑問，司機興致勃勃的跟我分享他的計算：

「一天下來，扣除油錢和車子折舊，我能賺人民幣五百元。以一天工作十個小時計算，我每小時能賺到人民幣五十元，尖峰時間大概是八十元，其他時段大概四十元。對我來說，如果尖峰時間浪費一小時，我就少賺八十元。你這一趟若走平面，時間要多半

個小時，而走高架也就多出十幾元。所以，我寧願少收這些錢，也要省下這半個小時去載下一批客人，因為這半個小時我就可以賺回來四十元。」

司機的這番話頓時讓我起了興趣，於是我向他打探：「您這邏輯太有道理了，聽起來上過 MBA 吧！您不會是哪個公司的高層，趁下班時間來體驗生活的吧？」

司機開心的笑了：「我可是連大學都沒上過呢。不過，我喜歡學知識，別人空閒都在看影片，我就看公眾號（按：指即時通訊軟體微信〔Wechat〕中，可供個人或商家對特定族群提供內容與互動的平臺）。這個計算時間成本的方法，我是從劉潤（按：中國知名商業諮詢顧問）的文章中看到的，就試著自己算。先是算自己每天的平均時間成本，後來我發現尖峰時間和平時不一樣，我就用小本子記自己一天下來不同時段的收入，時間一長就能摸索出規律。現在，基本上只要乘客一上車，我就能大概算出來怎麼走對我來說最划算。」

這就是知識的力量。據說，當地計程車司機的收入有高有低，普通的司機每個月能賺人民幣七、八千元，好一點的能超過人民幣一萬元，只有少數能達到人民幣兩、三萬元收入。為什麼同樣的地點、同樣工作十小時，司機的收入差距卻那麼大，從這個例子你或許多少能明白。

明白時間成本的概念，在關鍵時刻能做出果斷決策，從而提高自己的單位時間產出，收入自然也就提高了。

## 如何減少「時間貧困」的感受？

時間不夠用的感受，貫穿於我們的日常生活，這在心理學上被稱為「時間貧困」（time poverty）。現代人普遍需要在工作、維持家庭和養育子女上花費大量時間，**個人可自由支配時間大大減少，低於一定閾值時，就可被界定為時間貧困**。

一般而言，我們會將工作時間視為能量消耗，自由支配時間則視為能量恢復。當工作時間延長，自由支配時間縮短，就會加劇時間貧困的感受。因此，計算自己的時間成本，可以讓你把精力花費在更有回報、更有價值的事情上，從而給自己更多的自由支配時間。

時間成本，就是這段時間如果拿去做別的事，你可以獲得的收益。它是一種特殊形式的機會成本。**懂得計算時間成本，可以幫助你做出到底是該「花時間做」還是「花錢買」的理性決策**。

例如，在生活中，我們可以藉此判斷：該叫外送還是自己做飯？該自己打掃還是預約居家清潔服務？在工作中，我們也可以透過時間成本的測算，決定出差該坐飛機還是坐高鐵？新的工作進來，是該招聘一名新員工，還是把工作外包出去？

以下就來練習一下，在日常生活中的時間成本如何計算，以及如何用時間成本的邏輯說明決策。

假設你的月薪是兩萬元。一個月有二十一個工作日，每個工作日工作八小時，你每小時的時間成本，就是：兩萬元÷二十一天÷八小時＝一百二十元。

那麼我們計算一下，每月多花兩千元房租，從離公司一小時路程的地方，搬到公司旁邊值不值得。

你每天實際花兩小時通勤，每天用在交通上的時間成本，就是一百二十元×兩小時＝兩百四十元，一個月就是兩百四十元×二十一天＝五千零四十元。多花兩千元搬到公司旁邊，可以節省五千零四十元的時間成本。所以，你應該搬。

唯一的問題在於，多出來的這兩個小時，你可以用來做什麼？

反過來計算，住在偏遠地區省下來的兩千元，等於是每小時四十七．六元的時間成本。如果這些時間只是用來滑手機、看影片，那麼每小時滑手機的成本就是四十七．六元。但如果你能找到一份每小時收益超過四十七．六元的兼職工作，搬到公司附近、用省下來的時間打工，是不是就更划算了？或者說，你若能利用這兩個小時學些知識，將來能為你創造出更大價值，這也是一件時間效益更高的事情。

《暗時間》這本書中寫道：如果你有一些錢，不知道該花在A還是花在B，你可以先不做決定，這沒問題，因為錢還是你的；但**如果你有一些時間，不知道花在A還是花在B，就不能不做決定，因為時間過了就不是你的了**。

對我們每個人來說，時間的流逝都是不可逆轉，流速也不可調整。因此，學會計算自己的時間成本，不僅讓自己的閒置時間不再白白流失，低時間成本的事項更可以直接花錢購買服務，挪出更多精力聚焦於高回報的事情上。雖然看起來是花了錢，實際上也是一種防止漏財的方式。

## 企業也要計算時間成本

其實，不僅是個人，公司也需要計算時間成本。隨著時間變化，資產價值會發生變動，占用的資金會導致成本增加，員工各項工作的分配及效率，也會對成本產生影響，這是經營中最常見的三類時間成本，會從不同的角度影響企業利潤。

舉例而言，把剛剛的租房問題換個方式來問：你聘請了一名員工，月薪兩萬元。最近幾個月，每天都需要派他到一個小時路程外的倉庫裡盤點。因為是工作所需，他的往返時間都必須計算在工時內，那你是否願意補貼他兩千元，讓他住在倉庫附近？

企業的營運之中，如果缺少時間觀念，就會導致溝通效率下降，時間成本損耗巨大。例如，我的公司曾因一筆人民幣三千元的應收帳款，特地開了一次溝通會。

先是銷售部門花了半小時解釋緣由，大意就是當時客戶看錯，導致少付了款，目前合作已經結束，銷售部門嘗試各種辦法都無法讓客戶補款，建議走司法管道追討。緊接著，法務部門提出意見，說因為金額太小，走法律流程耗時過久，得不償失，建議直接作為壞帳處理。接著財務部門表示，可以作為壞帳，但應當按照規定計入銷售的績效考核之中。銷售部門又接著強調這個問題的客觀因素，非人力所能控制，計入銷售的績效很不合理。

各方爭執不下，我只能快刀斬亂麻的決定：計入壞帳，銷售部門無條件承擔該壞帳的績效。

為什麼這件事不能爭個水落石出？因為與會的都是各部門負責人，薪資不低，他們每小時的時間成本已遠遠超過這人民幣三千元的壞帳，如果繼續爭執下去，只會消耗更多的時間成本。

## 4 網路越發達，資訊成本越高

買房子為什麼必須找仲介？

公司做完年報，為什麼必須找會計師事務所審計？

生活中總是充滿各種不經濟的現象，所有仲介機構似乎都是憑空增加成本。我們為什麼不拋開仲介服務呢？

因為資訊不僅不是免費的，甚至要付出高昂的代價。

以買房子為例，當你想要在某個區域購買一間三房一廳的房子時，你該怎麼做？理想的狀態是，這個區域剛好有人有間三房一廳的房子，想要找到購買的人。只是，你們之間怎麼才能搭上線呢？

只要有資訊溝通的需求，就會有人專門蒐集這類資訊，並提供給需求方，從而獲得收益。

很多人可能會疑惑，現在網路這麼發達，為什麼不直接在網路上發文？這時問題又來了：由誰建立這樣的論壇，供房產的買賣雙方在上面發文，並促成交易？

你可能會覺得，在論壇上發文是一種免費的行為，可以避開房產仲介的服務和收費。但是，搭建論壇和營運也需要成本，即使你沒有因這次發文直接付費，也透過流量付出了成本。

最關鍵的是，如果不是專門的房產論壇，資訊的有效性必然受到影響。你看到對方的發文時，也許他已經賣出了，只是文章還沒刪掉而已；也許對方早就反悔、不想賣了；也許你上門才發現，對方標出的面積資訊是假的……這些資訊的篩選，也是仲介提供資訊服務的成本。

## 網路社會來臨，資訊不對稱反而加大

很多人都覺得，網際網路讓我們每個人都擁有了無窮無盡的知識和資訊，獲取新知變得輕而易舉。當我們能隨時隨地獲取各種資訊時，為什麼資訊還會有成本？

因為，網路上的資訊多，並不意味著我們每個人能接收到的資訊也跟著變多了。更何況，並不是所有的資訊都正確，也不是所有資訊都會被所有人看到。甚至，隨著資訊的多元化，我們**更容易陷入「資訊繭房」**（按：Information Cocoons，指人們只關注自己選擇或使自己感到愉悅的資訊，從而形成封閉的資訊系統）**和「回聲室效應」**（按：Echo Chamber，指社群網站透過數據演算，傳送使用者偏好的訊息，讓使用者越來越封閉於特定社群之中）。

很多人都會驚嘆某個應用程式很懂自己的需求。其實，這類應用程式都是憑藉強大的演算法，根據使用者行為習慣，精準分析並推薦其感興趣的內容，滿足使用者個性化的需求。

然而，你需要的就是最適合自己的嗎？

在海量的資訊中，使用者通常會選擇自己需要的資訊。在演算法主導的資訊分發模式下，很容易過濾掉用戶不感興趣、不認同的資訊，實現「看我想看，聽我想聽」，如同吸食精神鴉片後所獲得的心理舒適感。久而久之，一直處於自己樂意看到的內容之中，所見所聞被應用程式或社群媒體所控制，資訊接收角度變窄，知識獲取單一，對其他領域越來越陌生，便很難接受不同的觀點。行為習慣被自己的興趣所引導，在單調的資訊中形成特定的思維習慣。

由此可見，**隨著網路社會的來臨，資訊不對稱不是縮小，反而是加大**。這世上有一半的人，永遠不知道另外一半的人如何生活，真理都在千百年前被說盡了，而試圖打破壁壘、試圖充當橋梁的人，卻一直被嘲笑。

此外，每個人知識構成的差異，也會造成資訊不對稱。這裡的知識並不只是指學校教授的知識，還包括一切認知的集合。例如你的工作經驗、社會關係、在某個領域裡獨占的專利技術等，都是廣義上的知識。

**人與人之間最大的差別，就是擁有的資訊**。別人做的你沒聽過，別人說的你不知道，別人想到的你一無所知，這就是資訊的鴻溝。

即使以看起來很簡單的填升學志願來說，哪間學校、哪個科系好，網路上似乎可以搜尋到很多資訊，但對於眾多考生及家長而言，依然存在著巨大的資訊鴻溝，所以填志願才會成為家長和考生最頭痛的問題。

中國升學輔導專家張雪峰，多年分析研究各大學、各科系優劣勢及錄取分數，比一般人掌握了更為豐富、全面的資訊，所以有許多人希望能請教他的意見。這也是他屢屢因爆出「文科都是服務業」、「孩子讀新聞系，我一定把他打暈」等言論而陷入爭議，卻依然受到喜愛的原因之一。據說，他的志願諮詢服務曾售價人民幣近萬元，每年光是講課就能賺到人民幣幾百萬元。

**若不努力學習掌握資訊，就要為資訊買單**。從更廣泛的意義來看，一切販賣知識優勢的行為，都是利用資訊的不對稱獲利。例如大家所熟知的仲介，就是利用自己掌握的資訊優勢，撮合買賣雙方達成交易，從中抽取佣金。

更有甚者，透過人為設置障礙、阻斷正常的資訊交流，從而獲利。例如淘寶刷單（按：指淘寶商家藉由假交易哄抬交易量或提升信譽）、控制輿論等，其實都是在截斷資訊流，讓人進入其設置的「資訊繭房」，無從獲得真實資訊，並藉此獲取收益。

## 你學習，是開拓了知識邊界，還是築高護城河？

如何才能打破資訊繭房，獲得真實有效的資訊？

第一是要有**開放性思維**。

曾有一集臺灣的綜藝節目中，一位名嘴告訴觀眾：中國人民吃不起茶葉蛋。此番言論引發軒然大波，「茶葉蛋」一詞連續多日占據社群媒體微博的排行榜，相關搞笑圖片和段子層出不窮，許多中國網友也紛紛發布自己吃茶葉蛋的照片。

在網路如此發達的今天，為什麼所謂的專家、名嘴還會發表如此荒謬的言論？因為他缺乏開放性思維，陷入了「資訊繭房」，無從獲得真實資訊。

在其他領域之中，這種偏見和片面是不是也存在？

比方說，你可能聽過別人說：「為什麼讀了那麼多書，還是過不好這一生？」然而，你讀的那麼多書，真的開拓了你的眼界嗎？還是你只是在自己的認知領域裡，不停的重複讀書？

開放思維意味著能夠接納新觀點，放下固有的偏見和預設立場，以更廣闊的視野看待問題。只有擁有開放的思維，才能不斷拓寬自己的思維邊界，探索未知領域，與他人進行更有效的交流，並在日常生活中做出更明智的決策。

**沒有開放性思維，你學的所有知識都只是累積自己的偏見，都是在選擇自己認知範圍內的資訊，累積越多，你的知識邊界並沒有隨之擴大，而是將資訊攝取的「護城河」越蓋越高**。你不僅阻止了別的認知跨過這條河，也不允許自己邁出這條護城河，這條河其實就是你為自己設立的「監獄」。

把自己封閉在認知的護城河之中，就會對外界的質疑和否定更敏感、多疑，總認為外界入侵自己，時刻都呈現提防的姿態，本能的喜歡反駁別人的觀點，以證明自己的正確。這樣的人，有些內心自卑、思想保守，有些具有強烈的主觀意識，兩者其實都是思想封閉的結果。

我們該如何培養開放性思維？思維開放的人，一般都比較自信、謙卑，對外界的包容性很強，時時採取接納的態度，對形形色色的人事物都能理解、能換位思考、就事論事，且客觀冷靜，很少有偏見。

想做到這些，就要接受不同的觀點和思想，尊重他人的想法和意見。理解每個人都有自己的思考方式和經驗，因此對不同的人事物，我們可能會持有不同的看法和觀點。在交流和討論中，我們要嘗試理解和接納不同的觀點，從中發現新的想法和啟示。

其次，要不斷學習和探索，擴大自己的知識面和視野。關注不同領域的知識和發展，了解新的技術和趨勢，從而更新自己的認知和思維方式。藉由不斷學習，我們可以理解和適應變化的環境和挑戰。

再者，要時時反思自己的想法和行為，發現自己的偏見和局限，省思自己的思維方式和判斷標準是否合理和公正、是否受到個人情感和經驗的影響，從而及時調整思考方式和方法。

最後，還要保持謙遜和包容的心態，不輕易下結論和批評他人，嘗試理解他人的想法和行為，從對方的角度出發，發現其中的優點和價值。同時，我們也應勇於承認自己的錯誤和不足，接受他人的建議和批評，不斷改進和提高自己的思考能力和水準。

## 事實與觀點的區別：可證偽性

第二，是要有辯證性思維。

某次，我到一間幼兒園參觀，發現他們正在進行「Facts and Opinions（事實與觀點）」的教育，讓兒童判斷一句話是事實還是觀點。

例如：糖是甜的（事實），糖很好吃（觀點）；他是一個男孩子（事實），他很膽小（觀點）。簡單的說，事實就是客觀存在的現象，觀點則是人的主觀看法。

從形式上說，事實是一句陳述，而觀點常常以「我認為」、「我覺得」、「在我看來」的形式出現。

評價一個事實陳述，你可以認為它是「真」或「假」，但觀點並不分真假，只能說「我同意」或「我反對」。

這就是一種辯證思考的能力——至少，當大人們誇獎你「真是個聰明的孩子」時，你要知道，這不過是大人在表達觀點，並不是在講述事實。

區分觀點和事實有個指標，就是可證偽性。簡單來說，**事實可以被證明是「真的」或「假的」，觀點卻無法被證明，它是說話者內心的看法，別人只能同意或反對**，既無法證明是真的，也無法證明是假的。

「今天天氣很熱。」這句話是事實嗎？很多人會覺得是，但它毫無疑問是觀點，因為它提出的「事實」，只需要一個人跳出來說「我覺得今天不熱」，就可以反駁了。熱與不熱是自我的判斷，是一種觀點，本身無法被證明。而像是「今天氣溫是攝氏三十度」這樣的敘述才是事實，因為溫度到底多少度，可以藉由溫度計證實或證偽。

區分觀點與事實並不容易，因為事實必須是全面且真實的，而我們掌握的往往只是局部的事實。正如下頁圖表 4-1 中的圓柱體，從不同角度看過去可能是方形，也可能是圓形，而這兩種「眼見為實」，都不是完整的事實。

另外，很多人非常習慣把自己支持的觀點當成事實，把不喜歡的事實當成觀點，甚至不少文章喜歡把大眾認同的觀點包裝成事實。著名的帝王哲學家、古羅馬皇帝馬可斯・奧理略（Marcus Aurelius）在《沉思錄》（*Meditations*）中曾說：「我們聽到的一切都是觀點，不是事實。我們看見的一切都是視角，不是真相。」

把「事實」辨識出來，是反洗腦的第一步。很難，但為了獲得真實有效的資訊，這也是我們每一個人必備的思考能力。

## 資訊滿滿卻多半無用的世界，清楚易懂的見解就是力量

三是要有**中立性思維**。

為什麼同樣的事實，每個人會有不同的觀點？觀點的背後，隱含著每一個人的立場和利益。只有掌握對方的立場和利益，你才能明白他每一句話的邏輯和出發點。

有句話說得好：不要問房仲現在是不是買房的最好時機。為什麼？因為房仲的觀點，會不自覺把自己的立場帶進去。

他們對買房是什麼立場？由於房產買賣可以帶來佣金，因此鼓勵買賣雙方交易，是他們

**圖表 4-1　在不同角度下，圓柱體的投影成像**

潛意識裡受到利益帶動所形成的立場。而這個立場，又會影響他們的觀點，從而使他們更有意識的蒐集和發布鼓勵房產交易的資訊。

這些資訊是真的嗎？是真的。但由於受到了立場和利益的影響，這些資訊可能是片面、不完整、有目的性的。

身為購房者，如果你接收到的資訊都是房仲提供給你的，就很容易得出「當前是買房最好時機」的結論。這不是房仲的錯，甚至他自己可能都沒有意識到這一點。而你所要做的，是在面對資訊時保持中立的思維模式，知道每條資訊的背後可能都隱藏著利益，都不能輕易相信。只有把資訊中所隱藏的利益剝離，或從反方獲得與此不同的資訊來源，才能互相印證，獲得更真實、更客觀的資訊。

當你不再只是單向接受自己認可的資訊，而是以開放的眼光看待世界；當你不再固守一成不變的想法，而是會動態調整自己看問題的角度；當你不再以非黑即白的觀點看待事物，而是接受他人與自己不一樣的立場和利益取向。這個時候，網路上廣闊的資訊資源才能為你所用。正如以色列歷史學家哈拉瑞（Yuval Noah Harari，《人類大歷史》〔*Sapiens*〕、《人類大命運》〔*Homo Deus*〕作者）所說：「**在一個資訊滿滿卻多半無用的世界，清楚易懂的見解就成了一種力量。**」

## 資訊成本，也包含了資訊的傳遞

資訊的成本，不僅體現在資訊的不對稱之上，也反映在資訊的傳輸。例如公司派你開拓美國市場，因此你要辦理美國簽證。身為世界五百強企業的一員，你自認一定沒問題，結果卻被拒絕。你罵這個簽證官歧視，沒有用心了解你的情況。

但真實情況是什麼？

簽證官每天要處理許多人的申請，每次面談時間可能只有三、五分鐘，沒有辦法深入了解你的真實情況。你只能在這短短時間內做到完整傳達資訊。如果沒有將足夠資訊傳輸到簽證官的頭腦裡，他就無法依據這些資訊做出有利於你的決策。資訊傳輸不足造成的成本，就是你的簽證被拒。

我並不是想為簽證官辯解，而是想提醒你：**想讓對方滿足你的需求，了解並呼應對方的關切，會讓你更容易達到目的**。

再例如你開了一家蛋糕店，用最好的原料，請了最棒的甜點師，價格卻走親民的低價路線。照理來說，你的店應該門庭若市才對吧？事實上，很有可能是門可羅雀。為什麼？因為關於蛋糕店的這些資訊，沒有傳達給你的目標客群。再有性價比的產品，消費者不知道，怎麼會來買呢？

你需要打廣告，需要做優惠活動，甚至請消費者免費品嘗，你要以各種方式讓消費者知道，這是一家「質優價廉」的蛋糕店。而由此產生的所有成本，都是資訊成本。

生活中也不乏資訊成本。以相親來說，你認識的這個人，是不是真的像他自己說的那麼優秀？你們的性格互補嗎？對未來的想像一致嗎？能共享對人生的期待嗎？你需要透過長時間交往、共處，才能慢慢接收到這些資訊。這個過程中所耗費的一切，就是資訊成本。

## 5 原料成本不到五成，iPhone 為何這麼貴？

二〇二三年底，蘋果公司（Apple Inc.）推出 iPhone 15 Pro Max，被稱為是三年來性能提升最多的蘋果新機。打破性能上限的三奈米 A17 Pro 晶片，首次利用四重反射稜鏡實現五倍光學變焦，還有先進的五級鈦金屬工藝，無一不向外界展現出實力。

容量最低的 iPhone 15 Pro Max，定價約為新臺幣四萬五千元，可說是價格最貴的智慧型手機之一。那它的原料成本到底占多少呢？

說了你可能不信，海外評測機構的拆解報告顯示，iPhone 15 Pro Max 的原料成本約五百五十八美元（約新臺幣一萬八千零一十二元）。有人因此得出「蘋果手機賺取暴利」的結論。但如果把這些原料都給我們，我們是不是能夠拼成一支蘋果手機並賣出去呢？如果不能，就說明一定有某些地方發生了我們看不到的成本。一般來說，這就是隱性成本。

原料成本只是蘋果手機成本的一部分，還有其他方面的成本也需要考慮，例如研發、設計、生產、運輸、行銷、售後服務等。這些都是蘋果為了提供高品質產品和服務而必須付出的成本。如果只看原料成本，就像只看一棵樹而忽略了整座森林。

我有個朋友說，某次他在機場臨時需要買個水杯，發現一個水杯還不錯，價格是人民幣兩百五十九元。買了沒多久，他到浙江義烏出差，發現該水杯的批發價只要人民幣二十四元。

為什麼源頭的批發價和終端的售價差這麼多？其實若真的算起來，機場商家賣人民幣兩百五十九元，可能也沒賺到多少錢，搞不好還賠錢。

我這朋友在回程路過機場時，特意問了商家，他坦承自己確實是用人民幣二十四元的單價進貨，以人民幣兩百五十九元售出，即使這樣算起來有超過九〇%的毛利，扣除店租、員工薪資等費用後，這間店三年來不僅沒賺錢，還賠了人民幣幾十萬元，大概撐不到租約期滿就要收了。

由此可見，在創業時，千萬不要只看到毛利就動心，各式各樣的成本會吞噬你的盈利空間。研發、生產、運輸、售後服務等成本容易理解，只是這些還不是全部的成本。真正的隱性成本，遠遠不只如此。

例如，信任成本。

## 建立信任，也需要成本

對於銀行，你願意把自己的財富託付給他們，不怕他們捲走你所有的金錢；對於醫生，你願意躺在手術檯上，把自己的性命託付於他。這就是信任。如果沒有這些信任，就會增加成本。

比方說，如果你不相信醫生，就只能四處打聽其他治療法，消耗時間、金錢，也消耗生命。這就是信任的成本。

蘋果每推出一款新產品，哪怕消費者都還沒看到實體商品，開賣前蘋果門市就會出現搶購者大排長龍。**為什麼大家會相信蘋果的新產品一定物有所值？這就是信任的力量。而建立起這些信任，也需要成本。**

不過，一旦信任建立起來，就是品牌。

你買了蘋果手機的所有原料，自己拼裝出一部手機，就會有人買嗎？不會，哪怕拼裝得完全一模一樣。富士康（按：鴻海科技集團，富士康為商標名稱，以電子產品的代工為主）有能力承接蘋果手機的組裝，意味著也具有採購所有原料、自行生產蘋果手機的能力，為什麼他們卻甘心只做組裝、拿最低的利潤？也許對他們來說，讓消費者建立起一個品牌的認可，是個漫長且須投入大筆資金的高風險投資，這份錢不是他們不想賺，而是並非輕易可為。

有的品牌價值動輒數十、數百億元，這意味著他們在銷售時已經投入了品牌價值，所以才有資格獲取品牌溢價。

而想解決信任問題，不僅可以藉由建立品牌，還可以透過協力廠商擔保。

例如，你叫計程車時會擔心司機繞路多收錢，司機也擔心你下車之後不付錢。雙方的不信任，會造成選擇和時間的問題。如果能降低這種信任成本呢？滴滴出行（按：中國一種能預約或共乘交通工具的手機應用程式）解決了司機與乘客之間的信任問題，就造就出一個獨角獸企業（按：Unicorn，指成立不到十年但估值十億美元以上，又未在股票市場上市的科技創業公司）。

**解決信任問題，也就創造了價值**。支付寶（按：中國一家第三方支付平臺）也是如此，正因為它解決了網路上消費者和商家無法見面而產生的信任危機，才成就了網路電商的巨大市場。

其實，金融行業的出現，也正是人們在信任上的探索。

金融最偉大之處是什麼？是解決了人類社會最艱難的挑戰：人與人之間的跨期承諾

（intertemporal commitment）。換句話說，**金融解決了人類社會陌生人之間相互不信任的問題**。從香港到紐約，都是在金融的驅動下釋放了無數人的能量，一躍而起，成為世界上繁榮的都市。

對個人而言，信任也一樣意義深遠。

當你去應徵工作，需要讓對方公司相信你的能力。於是，你拿出各種證書，以此證明自己的能力，這些證書就是信任的背書。你為了能夠順利求職而考取各種證照，所耗費的精力、財力都是信任成本。

## 6 人生中最大的成本：做決策

相信不少想要創業的人，都曾看過網路上炫目的加盟廣告。比方說，某間連鎖飲料店招募加盟商，聲稱每天可賣一百杯奶茶，每個月可賣三千杯。每杯原料成本人民幣三元，賣人民幣十五元，毛利率八〇%！月賺人民幣三萬六千元，每年淨利人民幣四十三．二萬元！

是不是很有吸引力？不用動腦、不被公司約束，毛利率八〇%，輕鬆年入人民幣四十萬元。

當然，品牌方不會告訴你還有哪些成本，最多只會告訴你加盟金人民幣五萬元，時限三年，等於每年人民幣一萬多元而已。

我們就來看看實際上還有哪些成本吧。

一次性投入的資金也是成本。加盟金雖然才人民幣五萬元，但店面也要裝潢吧？簡單算個人民幣五萬元，等於開店初期你就要一次性投入人民幣十萬元，未來也無法收回。按照三年的加盟期計算，每月約人民幣兩千八百元，月利潤只剩下人民幣三萬三千兩百元。

日常開支也是成本。在熱鬧地段租個小店面，假設月租人民幣五千元、水電雜費人民幣兩千元，月利潤剩餘人民幣兩萬六千兩百元。

占用的資金也有機會成本。經營一間店，房租、押金會占用資金，還有前期進貨，這裡假定占用人民幣十萬元。雖然這十萬元將來可以拿回來，但如果這筆錢用來買固定回報的基金，以五％報酬率計算，所占用資金的機會成本就是人民幣五千元，折算到每個月是人民幣四百一十七元。到這裡，月利潤還剩人民幣兩萬五千七百八十三元。

此外，人力也要錢。一間店至少要有兩個員工輪班，以較低的成本計算，兩個人每月薪資加保險，至少也要人民幣一萬兩千元。你的月利潤還剩下人民幣一萬三千七百八十三元。

吸引消費的宣傳也是成本。想讓消費者駐足停留、讓他們願意購買，其實也是要花一部分資訊成本。即使只是在週末做「買二送一」的活動，成本也不少。此處以每月人民幣兩千元計算，月利潤只剩下人民幣一萬一千七百八十三元了。

除此之外，你自己投入的精力也是成本。身為店主要經常巡視，還要負責進貨及出貨、聘用和管理店員，還得跟周邊鄰居協調關係。就算你把開店當作兼職，也需要耗費半個人的精力吧？至於這些精力需要多少成本，你可以根據自己的時間成本算算看。如果你平時月薪破萬，管理成本也就不少。

這麼算下來，這間飲料店是不是就沒有宣傳的那麼暴利了？

不僅如此，我們還要考慮到這是一個充滿競爭、低門檻的市場，屬於紅海，隨著加盟店的增加，利潤率和客單價都會逐步走低，到了那時候，你的毛利是不是還那麼高？

更何況，實際營運期間還會發生很多突發事件。例如，你的店面所在區域要拆遷，需要換地方重新租房、裝修，那這筆生意還划算嗎？這些又要用到機會成本和沉沒成本計算了。

所以，這麼算下來就明白了：各種加盟店，主要獲利的都是授權方。他們透過收取加盟金、賣機器、賣原料獲得穩定的收益，且具有強勢的定價權；而加盟者處於弱勢，需要獨立承擔市場風險。開飲料店只適合那些知識層面和薪水本身處於較低水準的人，因為利潤不高，只是從為別人打工轉換成為自己打工，而獲得相對穩定的收入。

如此看來，如果你只看到了招商海報裡的「驚人利潤」，而忽視了這些成本，沒能看出飲料店充其量只適合本身薪資較低的人賺取日常工資，就一頭栽進去，你付出的是什麼呢？

這就是決策成本。它包括浪費的時間、金錢、精力，我們前面講到的所有成本，都匯聚在你決策時，成為你的決策成本。

## 每一個決策，都決定你會成為什麼樣的人

你以為我分析了這麼多，是為了不讓你加盟飲料店嗎？不，我想告訴你的是，**決策成本才是我們人生中最大的成本**。

俗話說：「**男怕入錯行，女怕嫁錯郎。**」講的就是**一旦決策失誤，會對自己的一生造成無法挽回的損失**。

例如那些花了上萬元找張雪峰諮詢如何填志願的人，他們已充分理解選擇什麼學校、讀什麼科系這個決策非常重要。如果你在這時沒有認真篩選，對未來發展沒有規畫，倉促之間隨便選擇，最後很可能發現自己並不喜歡、也不適合這個科系。

不喜歡，也就沒辦法學好，大學讀完的結果可能是：你在這個領域沒興趣也沒有競爭力，其他領域你也沒有累積知識而無從與人競爭。出社會工作之後又開始模稜兩可、

左右搖擺。別人都在尋找風口（按：比喻激烈競爭的行業）、熱門的機會，而你可能還沒想過什麼叫「風口」。

一旦決策失誤，人生之路便越走越窄，這就是決策的重要性。如果你是老闆，你的決策會決定一家企業的生死，企業瀕臨破產倒閉就是你身為老闆的決策成本；如果你是官員，你的決策會決定一個地區是向上發展還是停滯不前，當地民眾的福祉就是你身為地方政府領導者的決策成本。

對於自己，一旦選定了某個熱門產業，所能獲得的時代紅利也遠遠超出能力所限。

人生的幸福源於一個個小決策，而人生能否避免痛苦，多半取決於幾個大決策。可是，又有多少人能慎重做出重大的人生決策？

因此，不管是自己的人生之路，還是投資，都要先提高自己的認知，全面計算好成本，再謹慎做出決策。因為**你的每一個決策，都決定了你會成為什麼樣的人，過什麼樣的人生**。

第 5 章

# 對投資有誤解，才會被「割韭菜」

經常有朋友問我：你身為經濟學「專家」，自己投資每年能賺多少錢？

我總是老實回答：平均年化報酬率五%至八%吧，有時還虧得不少。

這個回答往往讓對方很驚訝：為什麼你學經濟的人，投資報酬率卻這麼低？不是有很多人都透過投資實現一夜暴富、財富自由嗎？

由此可見，在財務自由的夢想召喚之下，許多人都想藉由投資實現這個目標。在他們眼裡，投資無非是找到一個有潛力的理財產品，投入資金，接著就等好消息。

我必須承認，確實存在一夜暴富的案例。波動性較強的投資市場，使投資者很有可能在短時間內獲得極高的收益。然而，這種一夜暴富的現象往往可遇而不可求，**收益的背後伴隨著巨大的風險和不確定性**。

站在長期的角度看，能夠持續實現正收益率非常困難。股票一次漲停板就有一〇%，有些人一年能賺一〇〇%，但要做到年年都賺一〇%卻很難。為什麼？因為今年能賺一〇〇%，也許明年就虧一〇〇%，前面賺的所有錢頃刻間就蒸發殆盡了。

所以，在股市中有一句諺語：「**一年三倍者眾，三年一倍者寡。**」意思就是，短期來看，有些人可能剛好投資到暴漲股票而得到高收益，但拉長時間看看，能三年賺一倍、十年賺十倍的人，真的是鳳毛麟角。

根據二〇二三年的波克夏．海瑟威（Berkshire Hathaway，以下簡稱波克夏）年報，從一九六五年至二〇二三年，股神華倫．巴菲特（Warren Buffett）旗下的波克夏公司股票年化報酬率是一九．八%。全球最頂尖、效益最好的投資機構，也不過就是每年賺約二〇%，更何況普通人？

然而，二〇%的收益率加上長時間的堅持，收益總額是驚人的。從累計報酬率來看，一九六四年至二〇二三年，波克夏累計報酬率達四三八四七四八%，也就是約四．三八萬倍。也就是說，如果你在一九六四年花一萬元買入巴菲特的波克夏股票，六十年後的二〇二四年，你擁有的就是四．三八億元。

可見**真正的投資，不在於短時間內的報酬率，而在於能夠持續、長期賺錢，也就是實現財富的保值與增值**。

# 1 保值，是要保住你的購買力

日常生活中，許多人應該都感受到「錢越來越不值錢」。同樣是一百元，以前能買的東西很多，現在卻買不到那麼多了，這就是通貨膨脹帶來的影響。

錢越賺越多，但能隨便花的卻越來越少。這種感受，大家都有。

其實，**錢並不等於購買力**。甚至，**社會上的錢越多，我們手裡的錢越「不值錢」**。

通貨膨脹與我們所有人的生活息息相關，因此，我們要了解什麼是通貨膨脹，以及通貨膨脹會對我們的生活產生什麼影響。

「通貨」就是錢，「膨脹」就是多。一言以蔽之，**通貨膨脹就是錢多了。錢變多了，購買力下降，錢就不值錢了**。

錢發多了，超過經濟增長，經濟「消化」不了，錢就溢出來，導致商品價格上漲。

物價上漲，貨幣貶值，錢不值錢。

## 通貨膨脹的真實案例：委內瑞拉

通貨膨脹在經濟學中，是個中性的術語，適度的通貨膨脹有利於刺激經濟增長，最顯著的表現是貨幣貶值和物價上漲。而通貨膨脹一旦嚴重，就會變成通貨膨脹危機。

例如二〇一四年以前的委內瑞拉（Venezuela，位於南美洲北部），簡直是地球上的樂土。委內瑞拉國土面積有九十一萬平方公里，其中可耕地面積近三千萬公頃（約三十萬平方公里），盛產水稻、玉米、高粱等農作物，在某些地區還能一年收成三次，足以輕鬆養活三千多萬的國民。

此外，委內瑞拉的礦物資源更是傲人，全國鐵礦蘊藏量二十億公噸以上，煤蘊藏量九十億公噸，石油儲藏量占全世界四%。二〇一一年的資料顯示，委內瑞拉境內原油儲量有三千億桶之多，成為全球第一大原油儲備國，占全球一八%。

正因如此，有很長一段時間，委內瑞拉的社會福利好得像天堂一般，免費福利涵蓋了醫療、住房、教育等方面。毫不誇張的說，油價每漲一元，委內瑞拉的社會福利就要增加一元。

可惜，盛筵必散。二〇一四年國際油價斷崖式下跌，委內瑞拉政府享盡富貴卻未曾做好應對準備，只能加印貨幣以維持高補貼和高福利，而超發貨幣又引起了嚴重的通貨膨脹，慘劇就此拉開帷幕。

根據委內瑞拉央行統計，二〇二〇年一整年，委內瑞拉通貨膨脹率為三〇〇〇%。國家將勞工月薪上漲至原來的三倍後，達到每月三百萬委內瑞拉主權玻利瓦（bolívares soberanos，委內瑞拉自二〇一八年八月二十日發行的新貨幣），按黑市匯率計算，這還不到兩美元。

截至二〇一九年，委內瑞拉人民季度消費支出約〇．五三美元，根據其國內生活條件調查報告，顯示有九六%的委內瑞拉人處於貧困狀態。

根據非政府組織「委內瑞拉金融觀察站」（Observatorio Venezolano de Finanzas）的資料，委內瑞拉二〇二三年的消費者物價指數（按：Consumer Price Index，縮寫為CPI，是反映與居民生活有關的產品及勞務價格統計出來的物價變動指標。一般定義超過三%為通貨膨脹，超過五%就是嚴重通貨膨脹）漲幅已經比之前低了很多，但仍然達到驚人的一九三%。

而根據國際貨幣基金組織（International Monetary Fund，縮寫為IMF）的二〇二四年通貨膨脹預測，全球一百九十個國家／地區之中，委內瑞拉以二四〇%的通貨膨脹率排在第一位。

## 通膨無法抵抗，你得維持錢的購買力

既然通貨膨脹對人們的生活帶來那麼多不好的影響，沒有通貨膨脹一定會更好？也不是如此。如果減少發行貨幣，通貨膨脹自然也不會發生，隨之而來的就是通貨緊縮壓力，企業為了減少庫存，不得不降價促銷，或是降價搶占市場，拉低了企業的利潤，最終又會影響個人就業困難或收入下滑，如此往復，就會形成惡性循環。

這就是通貨緊縮的可怕之處，看起來商品更便宜了，但由於企業利潤受損，你的收入和就業都會遭受壓力。因此相較之下，一定是通貨膨脹相對好一些。

因此，不管你願不願意接受，通貨膨脹一直在我們身邊如影隨形，影響我們的生活。比方說，我十年前吃到的鴨血冬粉是一碗人民幣五元，現在已漲到人民幣十五元了。錢正以我們肉眼可見的速度在貶值，同樣的五元，十年前可以吃到一碗鴨血冬粉，十年後只能吃三分之一碗，購買力下降為之前的三分之一。

所以，我們需要找到一種方法，不讓我們的錢在物價上漲中失去原有的購買力。比方說，**過去一百元可以買一袋米，現在可能需要一百二十元，如果能找到一種方式，讓你的錢能一直買到一袋米，這種購買力的維持，就是保值**。

怎麼樣算是跑贏通膨？國際上公認將ＣＰＩ作為通膨率的重要參考。ＣＰＩ是反映一定時期內居民所購買的生活消費品和服務，價格變動趨勢及程度的相對數，換句話說，就是用一些商品價格的變動率反映整體物價變化情況。由於消費物價對個人和家庭生活影響比較大，所以這個指標受到重視。但要強調的是，ＣＰＩ不等於通膨，它只是反映生活成本的指標之一。

也就是說，當一個家庭的資產增值速度和ＣＰＩ增長速度相等時，從社會平均來說，這個家庭的商品購買力沒有改變，也就是實現了資產的保值。如果這個家庭的資產增值速度超過ＣＰＩ增長速度，這個家庭的商品購買力就是變強了，也就是實現了資產的增值。

有什麼方法能夠抵消通膨的影響？對於像我們這樣的普通人來說，最熟悉也最習慣的理財方式，就是把錢存到銀行裡。目前，大部分銀行三年定期存款的利率約一．七％，這意味著如果把錢存在銀行裡，活期和短期的定存肯定無法保值。

## 2 增值，是要增長你的財富排名

前一節談了保值，如果長期定存利率能超過ＣＰＩ的增長，就能實現保值，使自己財富的購買力不下降。

但是，僅僅是保值就夠了嗎？

我記得，中國剛開始改革開放時，「萬元戶」是對當時率先富有起來的一批人的代稱，也就是說在當時人均工資只有人民幣二、三十元時，如果你家裡能有人民幣一萬元的資產，就算是當時的「富豪」了。

我們想像一下，如果在中國改革開放前的一九七四年，你就已經是萬元戶了。那時，若把這人民幣一萬元全部存進銀行，辦一個五十年的定期存款。年利率我們以一〇%計算。五十年過去，利滾利下來，本金連同利息能拿到多少錢呢？

人民幣一百一十七萬三千九百零八元。

看到這個數字，你覺得是多還是少？

一〇%的利率，肯定是遠遠超過CPI的增長，實現了保值的目標。但是，人民幣一百一十萬元的資產以現在來說雖然也不算少，但距離富豪這個稱呼卻有不小的距離。

## 只想到保值，會變得更窮

為什麼實現了保值目標，仍然變得更窮了？

那是因為社會財富持續增加，保值只是保住了你原有財富的購買力，但新增加的財富並沒有辦法透過定存實現同步增長，因此，你在整個社會財富中占有的比例及排名都下降了。

過去十多年來，中國的財富一直呈現高增長，最直接的表現就是國內生產毛額（Gross Domestic Product，縮寫為GDP）的增長，從增長率來看遠遠超過許多國家。

**如果只考慮保值，就只能讓你已經擁有的財富購買力不變，但如果沒有別的管道增加收入，或者說收入增加的速度沒有趕上社會財富的增長，就會導致你在社會財富中的地位逐步下降。**

最直接的例子就是，一九九〇年代、甚至二十一世紀初期畢業的中國大學生，薪資可能只有人民幣兩、三千元，但那時大都市的房價一平方公尺（按：約〇・三坪）也不過人民幣幾千元，破萬的已經是豪宅等級了。雖然有點難度，但還是買得起。只要人民幣七、八十萬元，甚至二、三十萬元，就能在大都市買房，放到現在，基本上價值都破千萬，是全家這麼多年來所有薪資收入的數十倍。

而現在畢業的大學生，薪資最好也不過人民幣一、兩萬元，而大都市的房價已經漲到了一平方公尺人民幣十幾萬元，經濟較不發達的地區房價也普遍漲到一平方公尺人民幣一萬元。也就是說，隨便在哪個城市買房，基本上都要花費人民幣上百萬元。

這就是財富增長過程中必然導致的結果：**財富和收入之間的離散度加大，勞動形成的收入增長，遠遠趕不上資產創造的財富增長，「人掙錢」遠遠趕不上「錢生錢」**。

這就是為什麼我們需要投資，而且需要既保值，又增值。

## 3 找到財富的錨定物，才能保值與增值

如何對抗財富縮水，讓自己手上的錢隨著社會財富同步增長呢？

首先要理解，通貨膨脹對消費型和投資型的生活，會帶來兩種截然不同的結果。消費型生活的代表是豬肉價格，豬肉漲價意味著生活成本提高；投資型生活的代表是房價，房價上漲意味著財富增加。

**當你的財富多用於消費，通膨對你來說就意味著收入貶值、消費增加；財富多用於投資，通膨就意味著財富的溢價。**

若你在盤點財富時，發現自己的資產主要是汽車這些消費品，你的資產一定會貶值和縮水。但是，如果大多數是房產、土地、股票等投資品，雖然會漲漲跌跌，但總是有機會實現增長。

這也就很直白的告訴我們，若想不被通膨打敗，就必須盡可能配置投資型財富。但我們也要明白，**投資型財富必然得面臨漲跌的風險，並不一定能確保你的財富不縮水。**

該怎麼做才能讓自己實現財富的保值增值，或至少不縮水？

## 能對抗通膨的資產是什麼？

經濟學家們發現了一個有趣的現象——雖然通膨年年增加，市場卻一直有個錨定物，展現社會總價值的穩定。

潮漲潮落，有了船錨，船的位置就能相對固定下來。財富錨的含義大概也是如此。錨定物，顧名思義，就是把你的財富固定。

什麼樣的東西才能產生錨定作用？微信公眾號「一點財經」總編輯嚴睿研究發現，「每一輪財富洗牌中，贏家總是持有核心資產的投資者。所謂**核心資產，就是能穿越經濟週期，能跑贏大勢**、**能對抗通膨的資產**」。

每個時代都有屬於自己的核心資產，縱觀中國乃至全世界，房產在近代一直是優質的核心資產。核心區域的優質房產，即使歷經經濟危機、蕭條、復甦、繁榮等週期，仍能處在價值高地之上，經得住市場考驗，並表現出極強的保值、增值能力。

在過去的一、二十年，房產是中國財富的最大錨定物。而房產確實也為許多中國家庭帶來豐厚回報，很多人藉由住房投資，讓自己的財富錨定下來，在只拿基本薪資的情況下，讓自己的財富與那些創業的老闆們實現同步增長。

**錨定的意思不是只漲不跌，而是保持財富的均值不變**。比方說，即便房價下跌一〇%，你在一個城市的財富排名也不會發生大變化，因為大家基本都有房產，要跌一起跌，你本身錨定的財富階層並沒有發生改變。但如果你沒有房產，很可能就在過去二十年裡出現階層下滑。

你可能覺得，如果房子只是自住，價格漲跌並不重要。但在過去的二十年，正是有了房子的那批人，才抵抗住通貨膨脹帶來的貨幣貶值效應，錨定自己在社會財富中的排名。但隨著房產價格逐漸穩定，房價已經無法繼續發揮錨定、甚至是超越的作用。

一方面，房地產規模正進入無增長時代，整體房地產投資進入穩定期，像過去常見的三年一倍漲幅，如今越來越少見，未來會更加少見。

過去二十年，中國房地產投資的年報酬率在一〇%以上，未來可能下降到三%，甚至更低，低於物價上漲幅度，甚至局部地區可能下跌。

而另一方面，更長週期的投資產品，如股票、基金等證券類產品，規模正在加速擴大，且市場預期收益率更高。當然，因為風險不同，回報有好有壞，但很重要的一點是，投資有風險。特別是在短期內可能出現較大的波動，表現在帳面上就是「浮虧」。只有找到有長遠價值增長機會的投資品，並長期持有，才有可能跨越週期的波動，這就導致投資天秤已逐漸向長週期的投資理財產品傾斜。

今後，一至兩間房產仍有其需求，但在此之外，更多的財富錨定來自股票、保險、貴金屬、基金等投資理財產品，因為這是相對於房產，更與社會財富增長掛鉤的投資品項，也能實現與社會財富增長的錨定。

## 4 我不懂投資，可以怎麼做？

這是一名韓國富豪投資房產的經驗：他在江南區（按：首爾行政區，為重要的商業、教育中心地帶）買下心儀的一處房產，原屋主是一位六十多歲的男性，擁有好幾間房產都成功增值，富豪便請教這位屋主：「您能傳授您買入房地產的關鍵點嗎？」

這名屋主回答：「我只買從地鐵站出來後，一眼就能看到的建築。這樣的地段，貼上招租或出售公告的當天，就有人來聯繫。」

地鐵站周邊的建築物當然昂貴，但它可以挑選出有支付能力的承租人，且容易變現，這樣一來，最貴的也就是最便宜的。非專業的房地產投資者能夠獲得最大、最安全的收益，就源於位置，如果沒有別的因素需要考慮，以位置為中心購買房地產多半不會失誤。

當我們到一個陌生城市旅行，想到某個景點，走大馬路是最簡單、方便的路線。但很多人有大馬路不走，卻偏偏要找捷徑，到頭來可能會徹底迷路。如果沒有能力、精力在投資這條路上深入鑽研，就朝著資產指明的大路走吧。

## 買房產最重要的事：位置

第一就是房產。

對許多人而言，「居者有其屋」是讓人心穩定下來的基礎。因此，不管投資需求還是居住需求，購買屬於自己的房子，還是許多人的第一選擇。

應該買什麼樣的房子呢？我的答案是：位置，位置，還是位置。

首先，**大都市的房產永遠稀缺**。

以中國而言，當前中國人口增長已達到極限，未來人口規模將可能減少。而人口減少，會影響許多基礎行業的需求。特別是以居住而言，今後的需求主要源於改善型需求（按：指對目前居住條件不滿意〔如覺得房子太小，或收入增加而想追求更高生活品質等〕，須重新購房以滿足需求）和舊房改造的需求。因此，房屋總體需求增長有限，各地房價普遍上漲的情況將難以再現。

這種情況下，什麼地方的房屋更能保值、增值？當然是大都市。當總人口減少，人口密集度越會增長，這時候大都市的人口反而更多，居住需求會維持得比較高，房價也較不容易下跌。

其次，**核心地段的房子永遠稀缺**。

前面談到價值時，我分析過為什麼上海外灘的房子更有價值，是因為這個地段所附加的資源，在其他地段難以實現。這個規律其實適用於各個城市。

如果你因工作、生活而需要買房，請盡可能選擇核心，或周邊機能齊全的地段。

我有個朋友很喜歡購買待開發地段的房子，期待政府開發規畫後獲得升值紅利，這也是過去幾年他在房產投資上成功的方法。但這幾年他卻陷入了困境。一方面是隨著基礎設施建設放緩，許多地區的開發速度慢下來，預期的開發計畫沒能如期實現，他過去購買的房產也就遲遲無法出手。另一方面，即使是那些開發規畫已實施、且房產也確實增值的地方，由於人氣大都不足、周邊機能需要長時間才能完善，曾經上漲的房價也快速下跌，甚至跌破了他的成本。

所以，正如我們前面所說，不認得路，就走大馬路，找到那些已經配套成熟的核心地段，才更能抵抗房價下跌。

再次，**環境優美的房子永遠稀缺**。

當富裕程度提高，加上高齡化影響，度假型、養老型的居住需求會逐步增加，這類需求往往對環境要求較高——這也是近年來中國海南度假住房價格持續走高的主要原因。如果你想投資這類房產，一定要把度假地位置放在首要的考量之中。

## 想保本又升值？你可以考慮保險

第二是保險。

很多人對保險的理解，主要是醫療保障。其實，隨著保險行業的發展，保險已經不再單純只是人身、醫療等方面的保障功能，還發展出理財功能。

全球最具影響力的信用評級機構的標準普爾（Standard & Poor's）所發表的家庭資產配置圖（見左頁圖表5-1），可以幫助你找到家庭理財最合理、穩健的分配方式。它根據資金用途，將家庭資產分為四個類別，分別為：要花的錢、保命的錢、生錢的錢和保本升值的錢。

「保本升值的錢」是其中最重要的一個部分，這類資產最明顯的特徵是：

要保本，是因為將來某個時段，我們有確定的支出。例如退休後需要按月得到一定的退休金，或子女上大學需要一筆教育費用等。

要升值，因為隨著經濟增長和物價上漲，貨幣會持續貶值，錢躺在銀行生出的利息，遠遠趕不上貨幣貶值的速度，因此我們需要在確保本金安全的基礎上，爭取更大的升值空間。

「分紅保單」就是為了解決這一需求而來。**分紅保單，指在獲得人壽保險的同時，保險公司會將經營所產生的盈餘，按一定比例分配紅利給保單持有人。**相對於傳統保障型的壽險，分紅保單提供的是非保障性的保險利益

**圖表 5-1　標準普爾家庭資產配置圖**

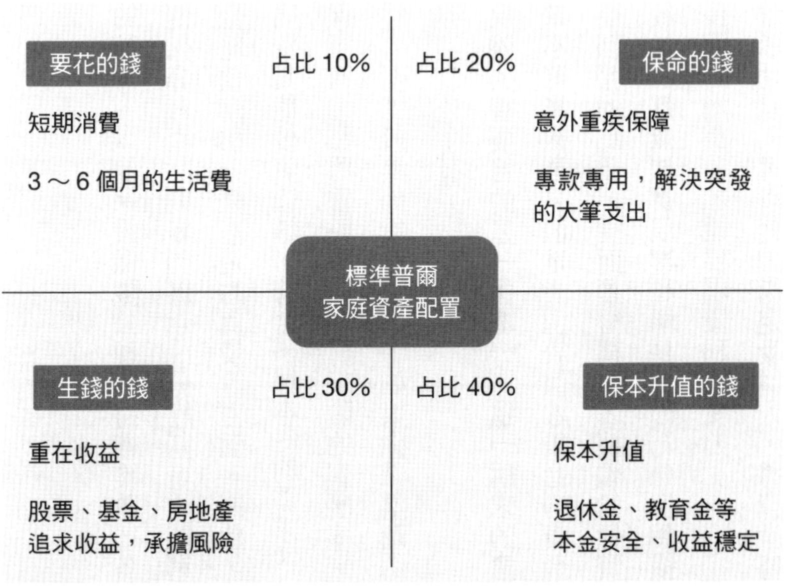

（不保證分紅）。

分紅保險有三個非常突出的特點：

首先，風險可控。為了保障保單持有人的利益，以及保證保險公司的持續經營，各國保險監管機構都非常重視監管分紅保單，例如分紅產品的紅利展示、分紅基金的紅利分配、分紅基金的資訊披露、保單持有人的合理預期和分紅基金的負債等方面。因此，從資金安全角度來說，保險理財的安全性遠高於其他投資管道，符合「保本」的需求。

其次，收益穩，回報低。很多人看分紅保單時，都將重點放在理財保險的報酬率。事實上，分紅保單作為一種理財手段，在收益方面低於其他投資管道，如果你希望藉由保險實現高額收益，就是錯把「生錢的錢」放到「保本升值的錢」了。

因此，**看待分紅保單時，必須理解這個保險的首要目的是「保本」，這一訴求的意思是風險承受能力低，也就限定了它的收益率不可能很高。**但是，由於保險集合的資金時限長、流動性差，好處就是可以投資於長期回報的品項，從而獲得穩定、持續的投資回報。正如我們所知，回報再高但不穩定的收益，都無法實現複利增長，因為一次虧損可能就消滅了前期複利的增長，只有穩定、長期的增長，才能實現複利的魔力。

最後，分紅保單還具有資產配置與資產傳承功能，可以藉由指定受益人，將資產傳承給後輩，或在你面臨破產、清算、債務等糾紛時，為家人留存一定的生活所需。因此，分紅保單受到許多中產階層和高資產族群的歡迎。

## 真的不會操作？那就買指數型基金

三是定期定額投資基金（Automatic Investment Plan，縮寫為AIP）。

對於概念較成熟的投資者來說，購買股票收益更高。但對投資新手而言，股票的高風險也顯而易見，一檔股票若選擇失誤，就可能血本無歸。因此，從基金入手是熟悉投資市場的較佳路徑。

交易所裡有很多股票，每檔股票的價格都在隨時變動，有的漲，有的跌。而指數就是一個能夠及時反映股票市場整體漲跌的參照指標。

舉例而言，「滬深三〇〇指數」就是挑選上海和深圳證券市場中，三百支市值大、流通性較高的股票編制而成的指數。而指數計算中所選用的股票，就被稱為成分股。

說完指數，理解指數型基金就簡單多了。指數型基金就像是指數的影子，它是以某個特定指數為目標，以購買指數中的成分股構建投資組合，透過追蹤指數，力求做到和指數如影隨形。例如基金公司推出的「滬深三〇〇指數基金」，就是參照滬深三〇〇指數進行投資的基金。

為什麼不需要太多操作的指數型基金，收益會高於基金經理費心經營的主動型基金？其中一個重要的因素，就是指數型基金所追蹤的指數已是精選過的股票，這些股票本身報酬率已領先於其他股票。此外，指數的成分股也會隨著時間增減，新的優秀股會被納入，表現不好的股票被剔除，從而保證了指數成分股的稀缺和優質。

這也是巴菲特多次推薦指數型基金的理由。在二〇二一年波克夏股東大會上，巴菲特又一次表示，從長遠來看，大多數投資者都能藉由購買標準普爾五〇〇指數基金而受益，挑選個別股票則不一定——即便是波克夏。

他說：「我推薦標準普爾五〇〇指數基金，但我從未向任何人推薦波克夏，因為我不希望人們覺得我灌輸給他們什麼而買它。」

為了證明自己的推薦合乎現實，巴菲特還曾發起一個「十年賭約」，三年後才有一位優秀的基金經理接受挑戰。在進行了十年的業績對比後，最終驗證**「標普五〇〇指數」的被動基金收益，比華爾街頂級基金經理的主動操作收益更高**。關於這個賭約，有很多有趣的故事，這裡不再詳述。

確定了投資基金的組合，還需要根據自己的現金流持續投入，這時，我們就進入了一個重要的概念：定期定額。

定期定額投資基金，是指在固定的時間（如每月八日）以固定的金額（如一千元）投資到指定的開放式基金中，類似於銀行的零存整付方式。

定期定額投資基金，會獲得更大的投資回報嗎？是的。投資盈利的基本路徑就是低買高賣，最理想的當然是從最低點買入，最高點賣出，以獲得最大的盈利。

但現實是，我們都沒有識別、預測最低點和最高點的能力，無法以最低價買入、最高價賣出。所以，我們可以改變思路，退而求其次：**以相對低的價格買入，以相對高的價格賣出**，這就相當於放寬路徑。

怎麼放寬路徑呢？其實，就是利用成本平均法，在價格下跌時分批買入以攤低成本，成本低，收益自然就高。假設某檔基金淨價十元時，你花一萬元買進，跌到五元後再花一萬元買進，這時候成本多少？是兩次的平均值七・五元嗎？不是，而是六・六七元。因為你一共花了兩萬元，買到了三千單位，單位成本遠低於平均值。這就是定期定額最神奇的地方——下跌時賺單位數、上漲時賺收益。

## 5 沒錢投資？先投資自己

巴菲特曾在採訪中表示：「**一個人最好的投資，就是投資自己。**」沒有人能奪走你內在的東西，每個人都有自己尚未使用的潛力。在自己身上的投資，無論是物質、精神、內在、外在各個層面，均可終身受益，持續增值。

我們該如何投資自己呢？可以參考巴菲特說過的另一句話：「人生就像滾雪球，重要的是發現夠溼的雪和一面夠長的山坡。如果你找到正確的雪地，雪球自然會滾起來，我就是如此。」

其實，**人生就是一場價值投資，你的時間是你的最大成本，你的行動就是買入**。甚至，你的職業就是你的道路。中國知名成長導師帥健翔在其著作《自我時代優勢練習》中說道：「**一個人的優勢，無非四件事：做有天賦的事，完全相信你自己，找到你的拿手好戲，把它變成你的必殺技。**」

## 你的能力也需要保值與增值

首先，**你必須學習，要跟上新趨勢、追逐新的風口行業，並投資和投身其中**，始終保持自己的認知在最前線，才能得到好的發展。學習的最大盲點，就是一直在自己已知的知識裡打轉。

「在已知裡打轉」是什麼意思？例如，看到一句很有道理的話，複製下來發動態說：「這句話講得真好！」當別人講了一個觀點，附和道：「我同意！」但從不發表自己的想法；重複看那些只帶來爽感，卻沒有實際意義的內容；做事時，下意識只關注那些自己想關注的點；和別人的溝通沒有疑問和討論，只有贊同與附和……。

這就是自己的陷阱，像迷宮一樣，每天覺得自己學到很多知識、見了很多世面，其實都是在自己已經歷過的世界裡打轉。

請思考一下，當你看了一本書或一篇文章，讓你感到興奮的是那些你很認同的部分，還是那些讓你疑惑、甚至覺得不對的部分？

其實，答案顯而易見。絕大多數人看書，只是在把「未知的已知」轉化成為「已知的已知」而已。也就是自己似懂非懂但說不出口的道理，卻有個人幫我說出來，因而感到神清氣爽、很開心。

然而，有多少人看完一些新資訊後，會突然發現自己之前從未考慮過這件事、覺得自己仍需要改進、疑惑為什麼別人這麼想，接著花時間親自找出原因？這遠比沉浸在那些與別人共鳴的開心還重要。

其次，**要保持能力的保值與增值**。跟隨社會變化，不斷提升自己的能力。例如，對從事會計行業的人員而言，幾十、幾百年前最重要的一項基本功，可能是會打算盤。但是，就算你使用算盤的技術嫻熟，甚至獲得了全國第一名，到了現代又如何？你必須跟著財務技術的進步，學習應用 Excel 等軟體進行財務分析、學習電腦以便運用財務軟體，甚至要學習提示工程（Prompt Engineering）、使用 ChatGPT 提升資料整理效率。

最後，最重要的是，**要讓自己的能力「由內而外」發散**。要讓外界感受到你的價值，這就包括了你**能為別人賦能、你展示出來的實力、溝通能力**等。

比方說，你具備扎實的會計能力，準備面試某間世界五百強企業的財務。你該如何展現自己的能力，獲得這份工作？

或者換個角度想，對這家公司的人資來說，他想招募一個懂會計的職員，也許會有一百個人來應徵，他該如何才能最有效率的篩選出這個人？

當然，人資不可能一個個面試、一個個深入了解。他必定是先整理出優秀的財務人員應該具備哪些特點，例如名校會計系畢業、擁有會計師證照等，人資可能會先用這些條件篩選，從而縮小面試的範圍。雖然那些被篩掉的非名校應徵人員中，可能隱藏著優秀的財務人員，但是沒辦法，若不能夠通過人資的高效篩選，就只能抱憾。

所以，你要有能力，且要能夠展現出來。會計師證照等職業能力的認證，就是一項非常重要的背書。

人們常說的「伯樂識馬」，但就算你是良駒，若不表現出來，伯樂又要從何而知？我們終其一生所追求的，就是遇見更好的自己、更好的人生，這些都要我們不斷經營自己，唯有不遺餘力的投資自我，方能真正抵禦漫漫人生的風霜雨雪。

第 6 章

# 逃避風險，也等於遠離收益

人生天地間，長路有險夷。

人的一生很難一路平順，往往存在許多當下可見或不可見的風險：疾病、傷亡、選錯伴侶、交錯朋友、教育失敗、吃錯食物、投資失誤等。生存的每時每刻都充滿不確定性，如何應對這些風險，在各種突發狀況下能化險為夷，不僅是決定我們漏財與否，還直接關係到我們的人生旅途。

美國經濟評論員、作家班傑明．斯坦（Benjamin Jeremy Stein）曾講過這樣的故事：他與諾貝爾經濟學獎得主米爾頓．傅利曼在紐約散步，走到一個十字路口，恰巧是紅燈，但沒有任何車輛和行人往來，所以班傑明準備走下人行道過馬路。這時，米爾頓攔住了他，說：「還是等綠燈吧。」

班傑明說：「放心，沒有車很安全。」

米爾頓卻說：「班傑明，可能確實如此，但我為什麼要用我的餘生冒險，就為了節省這二十秒？」（Why should I risk the rest of my life to save 20 seconds?）

米爾頓所說的這句話，也展現了他在生活中如何面對風險。

投資大師查理．蒙格（Charles Munger）在二〇二三年以九十九歲高齡過世，他曾說：「**生活和事業上的成功，大都來自你知道應該避免哪些事情：死得太早、糟糕的婚姻等。**」

在財富管理領域，一個人的財富不在於他曾經創造和累計了多少，而在於他最後能留下多少。遠離風險而留下來的財富，才算是一個人真正的財富。

我們在人生和投資的各個環節，該如何看待風險呢？

## 1 牛市，是普通投資者虧損的原因

經常有朋友問我，如何才能找到低風險、高回報的投資標的？

我只能回答：「我找不到。如果你找到了，也不用告訴我。」

經濟學告訴我，**高收益一定伴隨著高風險，誘惑越大，風險越高**。

巴菲特的老師、被譽為「價值投資之父」的班傑明．葛拉漢（Benjamin Graham）曾說過一句很有意思的話：「牛市是普通投資者虧損的主要原因。」

為什麼這麼說？因為每當牛市時，有很多投資者都禁不住誘惑，盲目追漲，最後無法及時停損。

你或許想問，低風險為什麼不能有高收益？

我們先設想一下，某間銀行推出一款保本型理財產品，存入一萬元，一年後你會得到兩萬元，可以說是低風險、高收益了吧？無風險，年報酬率一〇〇％。這樣的商品，如果又是你最信任的銀行所推出，你會買嗎？你會，我也會，所有人都會。

這樣一來，會發生什麼事？既然大家都搶著要，銀行又不是傻子，這麼好的理財商品，大家都搶著買，我為什麼要給你這麼高的回報？我降低一些回報，把利潤留在自己手裡不是更好嗎？

那麼，年報酬率降到五〇％，你還要買嗎？當然要。銀行定期存款也不到二％回報，這麼明顯的差價肯定划算。

於是，銀行願意付出的回報繼續降。降到什麼程度？降到大家不再認為這是個低風險、高收益的投資標的，而是一個風險和收益差不多相互匹配的商品。這時候，需求也變得合理，大家不再搶著要。

這就是市場調節的作用，銀行要追求利益最大化，絕不會輕易的把這麼好的東西隨便送人。我們對低風險的期待，自然也就拉低了高收益的可能性。

現在，我們明白了，想要獲得高收益就必須承擔高風險。低風險的投資商品收益無法高，必然會藉由市場競爭變成合理的收益。

所以，當有人跟你推銷年化報酬率五〇％、一〇〇％的「無風險標的」時，你只需要問他一句：這麼好的專案，賣方是傻子嗎？

如果賣方不是傻子，那他就是把你當傻子。

現實中，不乏號稱高收益的投資專案或理財產品。甚至，有很多自稱投資大師的人販賣「無風險投資」課程，號稱「八節課實現財富自由」等。

我們一定要反覆提醒自己：**任何投資都是風險與收益並存**。所有實現財富自由的路徑都不可大規模複製，沒有任何「高手」能教會你確定獲取高收益的知識，唯一確定的就是「割韭菜」的人和被「割韭菜」的人。

而那些**可能高收益的理財產品，一定是設計複雜的結構性理財產品，風險被小心隱藏在細節之中**。如果你遇到這種投資商品，一定要冷靜搞清楚產品的每一個細節。

## 保本投資商品的回報，不可能超過五%

此外，任何銷售者號稱的預期收益率，都不等於實際收益率，也不是保證收益率，依然存在難以如期足額兌付的風險。

我想提醒你：**保本投資商品的回報不可能超過五%，除非違法犯罪**。

這就是風險。說起來簡單，但自從經濟學誕生以來，關於什麼是風險的討論就從未停止。股票交易所成立許久，大家早已經意識到交易中蘊含著各種風險，但風險到底是什麼？如何衡量風險？卻一直沒有定論。

直到一九五二年，美國經濟學家哈利・馬可維茲（Harry Markowitz）在他的博士論文中，提出了他自己對風險的定義。他所使用的數學方法非常簡單，以至於論文口試委員猶豫是否該授予他博士學位。但是，他給出的定義雖然簡單，內涵卻相當深刻，以至於直接影響了資產管理行業。

簡單來說，風險可以理解為對於期望收益率的偏離程度，且波動率變異數越大，該項資產的風險越大。

意思就是，我們對於自己努力想要實現的結果會有一個期待值。比方說某所大學錄取分數最低是六百分。如果A發揮的狀況比較穩定，模擬考最多考到六百一十分，最少也有五百九十分，而B比較不穩定，好的時候能考到六百六十分，差的時候會掉到五百四十分。你覺得誰考不上的風險更高？

這只是一個說明風險是什麼的簡單例子。當然，考大學的風險高低主要源於自己的水準和努力程度，但如果某件事得失的風險是外部因素所造成，卻要由你承擔結果，你願意嗎？

你一定不願意。那要怎樣你才會願意承擔風險？就是給你一定的回報。當你承擔的風險越高，就必須給你更高的回報，你才會願意。所以，經濟學上把收益視為承擔風險的補償。

那麼，承擔高風險，就一定會有高收益嗎？

我們說**收益是對承擔風險的補償，但不代表承擔風險就會有收益**。什麼叫高風險？就是有很高機率出現損失。這意味著承擔高風險，不僅無法保證有高收益，甚至很高機率得不到高收益，甚至可能連收益都沒有。

這才叫高風險。

如果高風險一定帶來高收益，這個所謂的「一定」，不就說明它是低風險嗎？

## 2 不冒險就沒風險？但回報也沒了

了解風險與收益的關係之後，該怎麼做呢？

首先，我們不能懼怕風險。

很多人會覺得，既然投資都有風險，那我遠離風險、確保絕對無風險總可以了吧？

當然，這麼一來是可以避免風險，但也就失去了回報的可能性。我身邊有些朋友害怕被「割韭菜」，一切投資、理財的專案不沾不碰，所有存款都放在銀行活期存款，而且還一副很熟知內幕的樣子告訴我：「現在錢存在銀行也不保險，每家銀行最多只能存人民幣五十萬元。因為萬一銀行倒閉了，根據存款保險制度，最高賠償金額為人民幣五十萬元。」

所以，他把錢分散存在不同的銀行裡，只存活期，每家不超過人民幣五十萬元。

風險確實低了，但是收益呢？

我們前面談過通貨膨脹，知道銀行活期存款的收益率比CPI更低。站在財富的購買力上來看，不僅沒有收益，還年年貶值。這不也是一種損失的風險嗎？與其看著錢不停流失，還不如花掉呢！

所以面對風險時，我們不應該過於保守。**逃避風險，並不能讓風險自動消失**。

## 管理好風險，自然就有收益

當然，我們也不能為了收益而忽視、甚至故意加大風險。

例如槓桿（Leverage），舉債投資於高風險投資標的，以尋求更高回報。當收益率為正時，開槓桿確實能成倍的獲得更高回報。但是，槓桿是把雙面刃，如果槓桿率超過了自己的承受能力，一次失敗就可能傾家蕩產。

特別是在高風險的投資品項上，開槓桿帶來的「爆倉」（按：槓桿交易中虧損超過保證金，導致交易被強制平倉〔結束交易過程，買入或賣出的交易完成〕）經常讓許多投資者血本無歸。

例如在美股市場上，特斯拉（Tesla）股票經常發生較大波動，一天之內往往可以上漲一〇%以上，也可能下跌一〇%以上。假設你現在買進一萬美元的特斯拉股票，如果不開槓桿，不管怎麼波動，你只要沒在低點賣出，永遠都有機會期待特斯拉股票漲回來。但如果你加了十倍的槓桿呢？

好的可能性是，特斯拉漲了一〇%，你的收益就變成了一〇〇%，一萬美元秒變兩萬美元。但一旦股價跌了一〇%，你的本金就全部歸零。

這還不是最可怕的。最可怕的是，這個時候會要求你追加保證金，如果你沒有投入更多本金，或來不及追加，就會被強制平倉。

也就是說，如果在一天之內，特斯拉的股票先跌一〇%以上，接著又迅速漲回來，對於正常投資者來說不賠不賺；但對於加了十倍槓桿的投資者來說，所有本金就已全部歸零，沒有機會等到特斯拉的股價漲回來的那一刻了。

高風險會傾家蕩產，低風險沒有回報。那該怎麼辦？

曾任耶魯大學捐贈基金（Yale University endowment）投資長（Chief Investment Officer，縮寫為CIO）的大衛．史雲生（David Swensen）這麼說：「**管理好風險，自然就有收益**。」

管理好風險，意味著我們不能對風險有敵意。收益正是來自風險，不承擔風險就無法獲得更高收益；但承擔過高風險，也會讓自己陷入收益折損、甚至歸零的危險之中。

關鍵是**正確認知自己的風險承受能力，選擇合適的投資方案**。

首先，要掌握自己的風險承受能力。你在銀行、證券公司開設帳戶時，可能也曾被要求做風險承受等級的測試，這正是為了讓你的風險承受能力和投資品項的風險相應。

正確認知自己的風險承受能力，在可以承受的範圍內接受風險、利用風險，以獲得更大收益，但絕不要投資超出自己的承受能力的高風險標的。因為一旦發生損失，可能遠遠超出你的接受程度。

基本計算如下：如果你的某項投資虧損了五〇%，想要再漲回原來的價值，需要上漲多少？很多人會下意識的認為，再漲回來五〇%不就漲跌抵消了嗎？實際上，要漲一〇〇%才能回到原位，也就是說，**「虧一半」的坑需要「翻一倍」才能填平**。

但是，一旦跌下去，漲五〇%和漲一〇〇%的難度就完全不是同一個等級了。就像中國電視劇《繁花》裡的一句臺詞：「紐約帝國大廈，從底下跑到屋頂，要一個鐘頭。但從屋頂跳下來只要八．八秒。」

我身邊有些朋友，看到高收益的投資標的，沒思考清楚就把錢投進去，不僅All in（全部投入），甚至還有開槓桿的，最後無一不是家破人亡。

## 怎麼算我的風險承受能力？

你可能想問，風險承受能力怎麼計算出來？你可以清查一下自己的家庭資產。一般來說，擁有豐厚的固定資產、穩定的收入來源、較多的閒置資金等，風險承受能力就高一些。

假設有個人已經買了兩間房，沒有房貸，近期也沒有換屋計畫，目前手上有一百萬元現金閒置，每月還有五萬元的固定收入，生活中也沒有特別大的開支，他的風險承受能力明顯就比較高。因為如果他拿一百萬元投資，萬一虧了五十萬元，甚至更多錢，都不會影響他的基本生活，甚至絲毫不會降低他的生活品質。

但若是一般的受薪階級，即使是收入還不錯的白領，如果一部分的收入必須用來償還房貸，還有兩個孩子在讀書，他的風險承受能力就比較低，不能買高風險投資商品。因為一旦發生損失，會大大降低他的家庭生活品質，甚至無法脫身。

總體原則是，**資產類型要「有攻有守」，持有一部分高成長風險資產，持有一部分保守型資產**。高風險資產需要保守型資產的保護。如果滿倉高風險資產，回撤（按：指在某一特定的時期內，帳戶淨值由最高值〔或極高值〕一直向後推移，直到淨值回落到最低值（或極低值），這期間淨值減少的幅度）要做好六成以上的準備。

很多人過度高估自己對波動的承受能力，也沒有做好熊市長達三、五年的心理準備，熬不住就只能割肉離場（按：指購入股票後股價下跌，為避免繼續損失而賠本賣出股票）。相反的，如果持有一定比例的保守型資產，在熊市時就可以慢慢換成更高比例的高成長風險資產，這樣更可以控制回撤，幫助你度過週期。

一般而言，設置多少比例的高風險資產比較好？具體比例因個人而異，但理論上**保守型資產最好能應付三年以上的家庭支出**，時間越長，越能持有好的風險資產，家裡有糧，心裡不慌。

有位理財專家曾提供一個自我風險承受度試算公式：**一〇〇－目前年齡＝可承擔風險比重**。假設你目前三十五歲，則代表可將手中閒置資產中的六五％投入較高風險的投資，像是股票，其他三五％則建議投入保守型的投資。透過這樣雙向投資配置，有助於財富穩健增長。

由此你也可以看出，一個人的風險承受能力，是會隨著家庭狀況而逐步改變，你的投資也應該隨之而改變，配置適合當下自己的投資組合。

## 3 猶太人的致富金律：錢是從流通中賺來

現實生活中，你可能常聽到這樣的抱怨：「我們員工拚死拚活為公司賺錢，結果就只能得到基本的薪水。老闆什麼事都不用做，憑什麼利潤都是他的？」

確實，企業價值是由員工共同創造，但為何老闆的收入遠遠大於員工？

同樣是那句話：高收益是對承擔高風險的補償。

一般而言，企業的定義為：以盈利為目的，運用各種生產要素，向市場提供商品或服務，實行自主經營、自負盈虧、獨立核算的法人或其他組織。

「自主經營、自負盈虧」，正是老闆與員工本質上最大的區別。同時，還有一個關鍵因素：老闆必須投入生產要素。什麼是生產要素？土地、資本、技術等都是，白話一點來說，就是要投入金錢。

## 錢有流動，才會創造更多財富

**猶太人的金錢法則：錢是在流動中賺來，而不是靠苛待自己存下來的。他們崇尚的是「錢生錢」，而不是「人省錢」。**

在商業社會裡，任何產品只有流通才有價值。錢也是一樣，只有流動才能創造更多的價值。

不過，相應的代價就是錢可能流進來，也有可能流出去。賺錢的老闆身價千萬、上億，這只是表面。但人們看不見的是，也有無數老闆投入了巨額的資金，但是不賺錢，甚至是以個人身家投入營運，資金持續流出。而即使是那些有賺錢的老闆，一旦遭遇業績下滑、產業衰退，或者是遭遇疫情這樣的不可控因素，也很有可能傾家蕩產，最終顆粒無存。

但員工呢？企業一旦破產清算，第一順位便是清償員工薪資，可說是「任爾東西南北風，都得薪資不放鬆」。

在經濟低迷時，很多人的第一反應是死命的抓著錢，不創業、不投資、不消費。雖然這是危險來臨時動物的本能反應，但這恰恰與經濟規律相背離。人們常說：危機，是危險也是機會。這時富裕的人反而有充足的財富拿出來投入流動，創造價值，從而也更有機會獲得更多財富。這也是為什麼每一輪經濟危機過後，有錢人群體的財富總是快速增長，貧富差距進一步擴大。

圖表6-1出自《二〇二二年世界不平等報告》，從圖表中可以看出，一九九五年至二〇二一年之間，世界上最窮的一半人口財富每年增加三％至四％左右。因為這群人本身擁有的財富不多，相對而言的財富增長也很低。世界上最窮的一半人口只占了一九九五年以來全球財富增長的二·三％。而全球前一％的人享有更高的財富增長率（每年三％至九％），他們占有一九九五年以來全球財富增長的三八％。

**圖表 6-1　1995 ～ 2021 年平均年財富增長率**

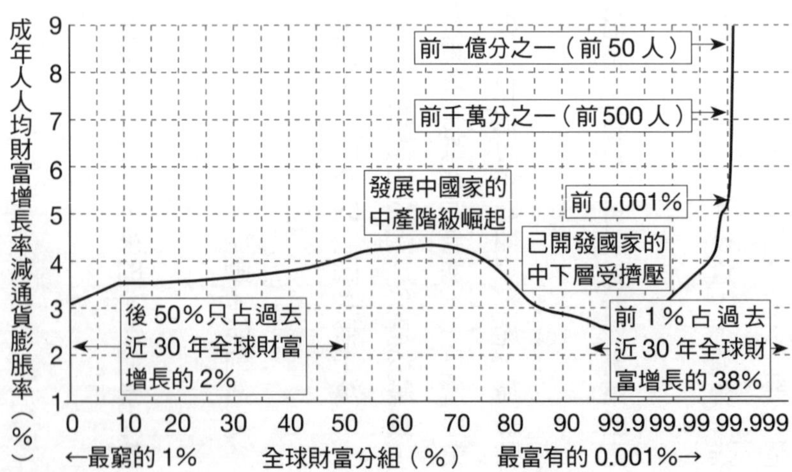

我們之前曾說，高收益來自高風險，那為什麼是流動性創造了財富，而不是那些喜歡冒險的人獲得更高收益？

因為，並非一句「我喜歡冒險」，就算是具備高風險承受力。風險的承受力更展現在面臨高風險之時，特別是當投資出現巨額虧損、看不到希望，甚至已經無法挽回時，你是不是有定力、有耐力、有恆心繼續堅持。最重要的是，你有沒有能力扛得住虧損。

對虧損的承受能力，主要與你的資金流動性需求相關。例如，一個人有毅力、恆心和風險承受力，但沒錢，就不能說他具備虧損的承受能力。

或者某個人投入全部身家，正面臨大幅度虧損時，剛好家裡有人生病，需要一筆醫療費。雖然他明知道這筆投資再過兩個月就能反彈，但他的資金流動性需求迫使他必須割肉離場，這就代表他的虧損承受能力並不高。

我們都知道，定期存款利率比活期存款更高，這是因為你犧牲這部分錢的流動性、失去隨時動用這筆資金的權利，才獲得更多的回報。

**這就是高風險投資回報的來源——資金流動性。**

## 有錢的人賺錢更容易，為什麼？

有句話這麼說：「**短線是銀，長線是金。**」但是，看起來簡單的長線投資，其實真的沒有那麼簡單。一檔股票持有幾年時間，便意味著你要經歷許多波股市動盪。

假如你選擇長線投資，很可能一檔股票持有一年，前面十一個月都是賠錢的狀態，直到最後一個月才賺錢。如果你的資金經常有流動性需求，時不時要撤出來，就很難撐到最後一個月的賺錢時機。

這也正是坊間流傳「越有錢的人，賺錢越容易」的原因。

在相同投資理念、對投資專案有同樣認知的情況之下，你可能對資金流動性要求比較高，日常生活中一旦發生任何風吹草動，就會影響投資的持續性。但有錢人的資金更豐富，不需要短期內介入，甚至對短期內發生的損失接受能力也更強，所以他就更能從風險中獲益。若你想要長線投資以獲得更高回報，就必須做好自己資產的流動性管理。

流動性，對於大多數人來說可能有些陌生。因為在過去相當長的時期，我們更注重的是財富的累積，而沒有想到重新把資產變成現金。尤其是擁有房產的家庭，其擁有的資產可能更多的是帳面上的財富，卻從來沒有想過把它再次交易變現。

進入存量（按：不隨時間改變的資產，如存款、持有的股票等。相對的概念為會隨時間改變的「流量」〔如利息、薪資、股利等〕）財富管理的新時代，我們必須注重家庭財富在資產配置時的流動性。

無論擁有財富多寡，每個家庭都要生活，賺錢最終是為了更美好的生活。生活中必然包含吃、喝、拉、撒這些日常開支，甚至還包括像還貸款、上學、留學、就醫及出國旅遊等相對較大的支出。

每當面臨大額支出時，都需要一些能夠及時變現的資產，以支付這筆款項。你不可能到了要付錢時，才準備把房子賣掉，或賣出某個家裡面的收藏品。你的支出可能只是三、五萬元，但一間房子動輒百萬、千萬元，顯然這兩者並不相應。問題是，**有些家庭不注重資產配置的流動性管理，就會到了要付款時才發現，自己沒有足夠的現金**。

我在英國留學時，經常去參觀莊園。許多莊園都隸屬於英國國民信託（National Trust，正式名稱為國家名勝古蹟信託〔National Trust for Places of Historic Interest or Natural Beauty〕），它成立於一八九五年，是完全獨立於政府之外的慈善組織。作為歐洲最大的自然保護慈善機構，國民信託承擔著「永久保護全國具歷史價值和自然美的土地與建築」的歷史使命，管理超過二十五萬公頃的土地，五百多處歷史悠久的房屋、城堡、古蹟、公園和自然保護區，以及一百多萬件藝術品。

國民信託的活動遍布英格蘭、威爾斯和北愛爾蘭（蘇格蘭則有蘇格蘭國民信託，因而未參與）。它管理的這些土地和建築，很多都是捐獻而來。

在英國歷史上，許多富人建立了豪華的莊園，但他們去世後，後人繼承這些資產時，必須繳納一筆巨額的遺產稅。這對那些看起來富裕，但財富主要以莊園、土地等固定資產形式存在的家族來說，是一筆非常難籌措的金額。而即使繳納遺產稅、順利繼承了財富，後續莊園維護和房產稅等依然是巨大的開銷，許多捉襟見肘的富豪後代無力打理這些莊園，任其逐步荒廢，或者就捐贈給國民信託。

如今的國民信託已名符其實的成為全英國最大的私人土地所有者，以及全球規模最大、結構最完善及最有實力的民間環保組織之一。由此也可以看出，有多少富豪家族在資產配置時沒有留足流動性資金，以至於世代傳承的莊園不得不捐贈出去。

## 4 雞蛋該不該放同一個籃子？

「不要把雞蛋放在一個籃子裡」，是有關投資的名言中流傳最久、最著名的一句。據說，這句話源自西班牙作家塞萬提斯（Miguel de Cervantes）的小說《堂吉訶德》（*Don Quijote de la Mancha*）之中的句子：「智者會為明天保留今天，而不會把所有雞蛋都放在同一個籃子裡。」

這句話蘊藏著應對風險的經濟學含義，那就是如何分散風險。風險是客觀存在的，但不代表風險不可以被分散、降低或消除。因為風險有機率，所以它可能發生，也可能不發生。這種情況下，如果我們的投資足夠分散，即使某一投資標的遭遇風險，造成的損失也只是局部，而不會影響整體收益。這就是「不要把雞蛋放在一個籃子裡」。

組合不同類型的投資，在經濟學上叫作投資組合理論（Portfolio Theory），由我們先前提到的風險和收益的定義者、美國經濟學家馬可維茲於一九五二年首次提出，並進行了系統、深入和卓有成效的研究，他也因此獲得了諾貝爾經濟學獎。

投資組合理論的意思是：**不同風險等級的投資組合，收益率是各個投資的加權平均，但風險卻低於各個投資風險的加權平均。**

也就是說，**透過投資組合，我們可以在收益不變的情況下降低風險，從而獲得更好的回報。**甚至，我們能透過計算得出「效率前緣」（見圖表6-2），就是組合風險資產和無風險資產，得到最佳的分配比例，以實現最高的投資回報。

這是什麼意思？就是說，如果我們做好資產配置，是可以在承受的風險水準上，實現最高預期收益。當然，這個組合會因人而異、因風險承受度而異、因市場變化而異。但它至少

## 圖表 6-2　資產組合的效率前緣

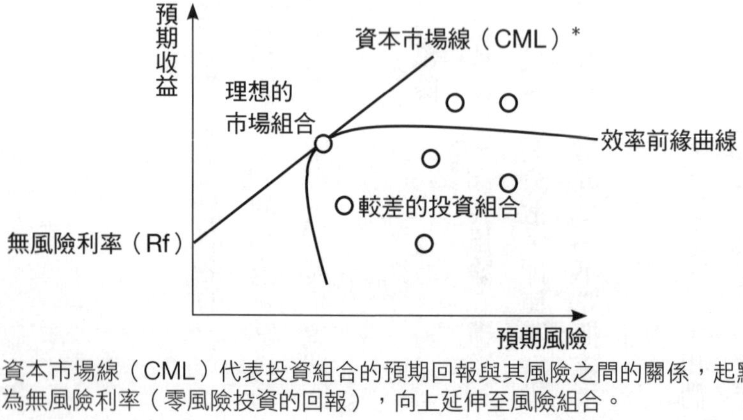


＊資本市場線（CML）代表投資組合的預期回報與其風險之間的關係，起點為無風險利率（零風險投資的回報），向上延伸至風險組合。

為我們提供一條思路，提醒我們：有效配置自己的資產非常重要。

## 除了股票，還有債券、外幣、不動產……這才叫投資組合

但問題在於，並不是把幾個不同的投資標的放在一起就是投資組合了。如果我們把雞蛋放在不同的籃子裡，但所有籃子又都放在同一輛馬車上，一旦路上遇到顛簸，還是會全部都摔碎。

舉例而言，你比較偏好投資股票，而為了分散投資，你買了阿里巴巴、騰訊、美團、拼多多等各家的股票，看起來分散了，但它們其實都屬於網路電商平臺企業，一旦網路電商這個行業發生劇烈波動，你購買的所有股票都會同時遭受這一風險的衝擊。

所以，**投資組合意味著在多個資產類別之間分配資金，以便降低單一資產或資產類別波動帶來的負面影響**。比方說，除了股票之外，你還需要投資債券、外幣、不動產等其他資產類別，甚至，你不僅應選擇多種資產類別，還應該在每一類資產中選擇不同的行業、公司或國家投資，以增加組合的多樣性。

不把全部的資產集中在一個或幾個類別裡，意味著即使市場在某一時期內極度不穩

定，或某些特定資產表現不佳，你的整體投資組合也有可能維持相對穩定的收益。

那麼，需要分散到多少個類別裡，才能最大程度的規避風險？經濟學者史塔曼（Meir Statman）的調查顯示，**由十個種類所構成的分散投資，能夠消除八四%的突發性危險**。

然而，正如我們先前曾說過的，經濟學總是存在不同的觀點和流派。投資組合理論雖然獲得了諾貝爾經濟學獎，在主流經濟學家中得到普遍認同，依然存在異議。

例如，針對分散投資，巴菲特曾兩次提到：「如果你有四十個妻妾，那麼你將不會了解她們之中的任何一個。」**巴菲特認為，分散投資是無知者的自我保護法，但對於那些明白自己在做什麼的人來說，分散投資沒什麼意義**。

他提出，投資者應該「把雞蛋放在一個籃子裡，並且看好它」。因為他覺得，在時間和資源有限的情況下，決策次數少的成功率，自然會比投資決策多的還要高。

在巴菲特看來，任何超過一百檔股票的資產配置組合，都可能不具邏輯性，因為任何第一百檔股票，實際上都不可能對整體的投資組合產生正面或負面的影響。相反的，他認為將資金集中投資於你能力範圍內的行業和企業，其實是降低了風險。

事實上，這也正是巴菲特投資的核心邏輯。二〇二三年，從巴菲特的波克夏所披露的持有股票來看，蘋果、美國銀行（Bank of America）、美國運通（American Express）、可口可樂和雪佛龍（Chevron Corporation，跨國能源公司）等五家公司持股占比約七九％，其中蘋果就占了五〇％的部位。也因蘋果股價帶動，二〇二三年波克夏全年淨利潤達到九百六十二．二三億美元，實現一五．八％的增幅。

你可能更想問：我們到底應該分散資產，還是集中投資？資產集中雖然可能獲得更大收益，但也提升了風險，更適合那些對投資目標有深刻認知、商業分析能力較強的人，也就是巴菲特所謂「明白自己在做什麼的人」；而資產分散雖然收益低，但相應的風險也低了更多，對於投資小白來說，也更為穩定和持續。

不知道讀到這裡的你，打算怎麼處理自己的投資呢？

## 5 保險從沒用到，還要繼續買嗎？

我們都希望規避風險，避免風險來襲時帶來的衝擊，減少要付出的代價。

**根據經濟學上的風險控制理論，風險有以下四種處理方式：**

一是**風險規避**。風險規避是投資主體有意識的放棄風險行為，完全避免特定的損失風險。這是最消極的風險處理方法，因為投資者在放棄風險行為的同時，往往也放棄了潛在的目標收益。在生活中，也可以理解為類似於「君子不立於危牆之下」的預防性措施，讓自己遠離風險。

二是**損失控制**。損失控制不是放棄風險，而是制定計畫和採取措施，以降低損失的可能性或減少實際損失。控制的階段包括事前、即時（事情進行中）和事後三個階段，事前控制的目的主要是為了降低損失的機率，即時和事後的控制主要是為了減少實際發生的損失。

三是**風險轉移**。透過契約，將讓渡人的風險轉移給受讓人承擔。風險轉移有時可大大降低經濟主體的風險程度。其主要形式一種為合約轉移，也就是透過簽訂合約，將部分或全部風險轉移給一個或多個其他參與者；另一種是保險轉移，是使用最為廣泛的風險轉移方式。

四是**風險自留，即風險承擔**。也就是說，如果損失發生，經濟主體將以當時可利用的任何資金支付。一般而言，低損失的風險可以選擇這種方式承擔。

對於我們來說，除了做好風險規避減少風險發生之外，對於那些無法迴避的風險，就要透過風險控制，以確保其降低到我們的安全邊際（margin of safety）之內。

因為投資是不確定性的遊戲，任何時候我們都不可能有一〇〇%的把握，確定自己投入的全部籌碼能獲勝。承認投資的不確定性、隨機性，就要為錯誤留餘地。在牛市中手上留有適度現金，看似是效率低，但其實持有足夠的現金可以讓你更加從容，面對可能的大幅回撤時能更加淡定。

## 買保險，就是轉移風險

**安全邊際代表的是我們所能承受的最大損失**。比方說，投資時能承受多大比例的虧損？生病時能拿出多少錢來治療？

在安全邊際之內，我們可以承擔風險以獲取更大的收益。但在安全邊際之外，特別是面對會影響我們的生活、可能需要超出我們能力的金錢彌補的風險，最有效的辦法就是風險轉移，以減少風險來臨時的衝擊。

例如，當我們遭遇突發事件，導致人身傷害或重大疾病時，應該怎麼辦？

對富裕家庭而言，即使是最嚴重的疾病，所需的醫療費用也可以輕鬆應對，這對他們來說就不是風險。例如前澳門首富、「賭王」何鴻燊，二〇〇九年七月跌倒住院，後續又傳出中風、腎衰竭等狀況。他常年在香港養和醫院治療，至二〇二〇年去世共計十多年間，花費了十五億港元（約新臺幣五十七億元）的天價醫療費用。這筆資金對何家來說只是九牛一毛，算不上什麼損失，但對於我們普通家庭來說呢？

藉由購買醫療和意外保險，讓自己在遭受人身傷害、有醫療需求之時，能有足夠的金錢得到救治機會和生活品質的保障，這就是一種規避風險衝擊的方式。

很多人跟我說，每年保險都繳那麼多錢，但從來沒用過，錢都白白流走了，多浪費啊，這難道不是漏財嗎？

不！這不是漏財，而是我們規避風險的意義所在。如果我們有何家的身家，購買保險自然只是為保險公司「慷慨解囊」。但由於我們普通人無力承受家人生了大病的醫療支出，哪怕需要付出一些代價，正如有些人所說被保險公司「割韭菜」，我們也應該有所防範。

以我而言，每次我收到保險公司繳納隔年醫療險保費的通知單時，也會心疼過去一年的錢又白繳了。但是，**白繳這筆錢證明了厄運沒有降臨，不也是好事嗎？**同時，**每次付完保險費，我就能對將來保持心安，因為哪怕厄運降臨，我也做好了充分準備，不會因此而產生無法挽回、無力承擔的影響**。

再者，保險業者收取的利潤真的是「割韭菜」嗎？正如我們先前所說，高收益來自承擔的高風險。保險公司替我們承擔了厄運發生的影響，等於是我們將厄運發生的風險轉移出去，它因此收取一定的利潤，不也是應該的嗎？

## 6 你最重要的資本，生命與健康

近年來，許多中國網友調侃式的總結出「中產返貧三件套」：老婆不上班、房貸上千萬、孩子讀國際學校。為什麼中產階層會因為過度消費而「返貧」呢？

在經濟快速發展的階段，我們習慣收入和生活水準一天比一天好。順境待久了，就覺得理所當然，以為會一直持續下去。

然而，風險永遠都不會缺席。當個人的收入不再如預期般持續增長，之前的高消費行為就成了難以承受的負擔。

我們一定要有未雨綢繆的風險意識，因為這就是人生，風險永遠存在。正如我們做任何事都不可能帶著一〇〇%的把握，也就不可能要求風險為零才開始行動。

如果你非常厭惡風險，凡事都希望沒有任何風險才肯行動，這只會導致兩個結果：你發現事先沒能覺察到的風險而後悔，或者你就困在原地、寸步難行。

## 能被預測、被提前規避，就不叫風險

很多人會說，如果我們能預期風險的發生，是不是就可以規避風險了？

我必須說，能被預測、被提前規避的，就不叫風險了。

即使是最理想的狀態，我們也只是能猜測到某個事件可能發生的結果，但無法預測發生的時間和準確後果。

例如，我們知道自己居住的都市位於地震帶上，發生地震的可能性很高，但我們無法預測地震的時間和強度。因此，面對風險，我們只能做好應對的準備，而不是寄希望於預測。舉例而言，位於地震帶都市的所有房屋都要達到抗震的標準，萬一某天地震突然來臨，就能做到防震減災。

因此，更合理的思維方式是：**不要追求零風險，而是在可控的範圍內，把風險降低到能接受的程度，減少生命的不可控因素**。這也正是前一節提到風險規避。

美國著名投資家愛德華．索普（Edward Thorp）被譽為量化投資界「皇冠上的明珠」，他認為，想要活得久、活得健康，最重要的是把各種非必要風險降到最低，並將整套方法運用於生活中的各個方面。

例如，他居住在加州南部的橘郡（Orange County），但時不時要飛去紐約。如何坐飛機，索普有一套自己的法則。

他有兩種選擇：第一是去離他家非常近的約翰韋恩機場（John Wayne Airport），但因為是小機場，航班選擇很少，有一些還需要轉機；第二是開車到洛杉磯機場，單程需要六十多公里，但機場大，往紐約的航班選擇就豐富得多。

如果是你，你會怎麼選擇？

索普對這個問題做了分析：開車出事故的風險，如果以每英里計算，是坐飛機的一百倍，甚至更多，這是個高得驚人的數字，所以他避免開車去洛杉磯機場。同時，坐飛機最大的風險階段來自起飛和降落，所以他會避免轉機、選擇直飛。雖然從橘郡直飛紐約的航班很少，不方便，但他寧可選擇這個「不方便」，並稱這就是最佳選擇。

按照他的計算，其實這樣也只降低了一百萬分之一的風險。但他說是值得的，因為這是他可以控制迴避的風險。

另外還有一個例子：他曾在馬路上慢跑，但某次讀到在馬路上跑步被車撞的統計資料後，他立刻停止了這個行為，寧可在不太方便的人行道上跑步、散步。

索普把人生中任何風險的規避，劃分成三個步驟：認識（Awareness）、分析

（Analysis）和行動（Action）。也就是先理解可能存在的風險，接著以蒐集論文或相關報告等方式分析風險發生的機率，以及風險發生後的結果會多糟糕，最後再決定採取哪些措施規避它們。

基於這三個步驟，他列出了生活中的風險規避清單，或者說「不為」清單：不抽菸、不靠近吸菸的人（不吸二手菸）、限制一週喝酒的杯數、控制體重（控制飲食及運動）、不騎機車和公路自行車、不坐安全性差的汽車、不搭發展中國家的航空公司班機……而這麼來看，索普的長壽與健康也就合情合理。

## 只要你還在牌桌上，就不算徹底失敗

如果你覺得索普對生活中很多風險程度非常低的事都過於在意，那麼巴菲特對重大風險的警惕你一定要聽。在二〇二四年致股東的信裡，他寫道：「**波克夏的一條投資規則從未改變，也不會改變：永遠不冒永久損失資本的風險。**」

永久損失資本，也就是讓你傾家蕩產，甚至人身受損，而永遠無法挽回的損失。**對我們每個人而言，生命和健康才是財富和其他一切的資本。只要你還在牌桌上，就不算**

**徹底失敗**。

一九七六年，蘋果公司的第三位聯合創始人、蘋果最早期標誌的設計者隆納・韋恩（Ronald Gerald Wayne），因為針對公司發展的理念與史蒂夫・賈伯斯（Steve Jobs）不合，他決定離開，並以八百美元的價格將他全部的蘋果股份（占當時公司股份的一〇%）出售給賈伯斯。

僅僅四年之後，蘋果公司上市，賈伯斯立即成為百萬富翁。如今，蘋果公司的市值已經超過兩兆美元，如果韋恩當時沒有賣出股份的話，這部分股權市值已經超過了兩千億美元。但是他表示：「我的決定讓我能夠繼續發展自己的興趣，坦白說，我一點也不後悔當時離開。」

令人不勝唏噓的是，失去成為全球頂級富豪機會的韋恩，獲得了得以享受自己興趣的生活，但成為世界頂級富豪的賈伯斯卻不幸患病離世。

這就是生活，無所謂輸贏。

看到這裡，你是不是又回想起諾貝爾經濟學獎得主米爾頓・傅利曼說過的那句話：「我為什麼要用我的餘生來冒風險，就為了節省這二十秒？」

第 7 章

# 理解機率，正確看待人生可能性

為什麼天氣預報總是不準？

為什麼買了很多彩券，卻老是沒中獎？

生活中，我們總會期待理想的結果，但後來發現結果並不如理想。那是因為我們在決策或預測某件事時，內心真正想要的是一個確定性的結果，而不是模稜兩可的可能性，所以很少會計算事件發生的機率。例如，我想知道今天股市會不會下跌、我買的股票最高會漲到什麼價位、明天老闆要宣布晉升的人是不是我、這次考試我會不會通過、這班飛機會不會誤點……。

然而，這些事情都無法事先獲得確定的結果。

你或許也抱怨過天氣預報不準。明明說會下雨，結果太陽當頭照；明明說多雲轉晴，結果多雲之後是風雨交加。天氣預報是「天氣亂報」嗎？

其實，目前的天氣預報技術，針對四十八小時之內的預測已非常準確。但預報畢竟是預報，只是對未來天氣變化的分析預測，而不是對已發生事件的準確描述。

當天氣預報做出「多雲轉雨」的預測，意味著有七〇％機率會發生多雲轉雨的現象。事實上，在所有預報多雲轉雨的日子裡，可能確實有七〇％都準確發生了，但並不代表每一個預報多雲轉雨的日子都會如此。

這就是機率的意義。

當我們在評判一件事時，如果只看到這件事發生的可能性，而不考慮可能性的大小，就會陷入「只談毒性不談劑量」（按：源自拉丁諺語唯劑量成毒藥〔sola dosis facit venenum〕，表示有毒物質無所不在，但劑量才是造成毒性的關鍵）的陷阱。

## 1 輟學去創業？別落入倖存者偏差

美國《華盛頓郵報》（*The Washington Post*）暢銷書作家大衛・薩克斯（David Sax）訪問了兩百多位默默無聞的小型、微型創業家後，曾發出這樣的感慨：「一股創業浪潮悄悄蔓延，溢出矽谷，激勵全世界數百萬人以前所未有的規模，開創自己的事業。穩定工作的吸引力下降，包括千禧一代在內的年輕人都迫不及待想自謀出路。」

在中國，創業也成為熱門話題。隨著中國網路經濟和共用經濟的快速發展，許多創業者迅速崛起，甚至三、五年就站上行業頂端，成為億萬富翁。

創業似乎變得越來越容易，創業成功也成了理所當然的結果。許多剛出大學校門就直奔創業之路的新鮮人，前仆後繼的加入創業者行列。36氪研究院（按：中國一、二級市場及新經濟領域的研究諮詢機構）在其《二〇二一年中國硬核創業者調研報告》中表示，四〇%創業者為一九九〇年代出生，其中Z世代（於一九九五年後出生）占比也有一六%。

根據新華社報導，截至二〇二三年九月底，中國登記在冊的民營企業數量超過五千兩百萬家，占全部企業的九二・三％。二〇二三年前三季新設立的民營企業有七百零六・五萬家，同比增長一五・三％。也就是說，平均每天約二・六萬家新公司註冊成立，平均三・三秒就有一家新公司。

然而，千軍萬馬過獨木橋，幸運女神的眷顧卻不會如此雨露均霑。如果把ＩＰＯ（首次公開募股）當作創業成功、實現財富自由的標誌，二〇二三年中國僅有四百零六家企業達成此目標。相對於每年新註冊的公司數量而言，這個比例連萬分之一都不到。

甚至連企業存活率都沒有人們想像得那麼高。根據中國國家工商行政管理總局某次記者會透露的消息，二〇二一年全國各類市場主體累計註銷一千三百二十三・八萬間，其中有三百四十九・一萬間企業、個體工商戶為九百六十一・九萬家。而當年度新設企業約為九百萬家。由此可見，即使僅以企業維持營運作為判斷依據，也有三分之一的企業被淘汰。

（按：臺灣的企業存活率，依行政院主計總處一一〇年〔二〇二一年〕工商普查顯示，全體工業及服務業的存活率為七九・五％，其計算方式為前次〔二〇一六年〕普查時已開業的企業〔一百二十九萬七千多家〕，至這次普查仍存在〔一百零三萬一千多家」的企業數占比。）

## 人總會高估自己的水準、低估事情的難度

為什麼創業失敗的機率這麼高？因為人們總是高估自己。有九〇％的司機都覺得自己駕駛技術比其他人好，所以同理類推，大多數人都會樂觀估計自己能創業成功。此外，人還總是低估事情的難度，比方說看到海底撈（按：中國規模最大的連鎖火鍋店）成功了，就認為我開火鍋店也一定能賺錢，於是便有一堆人一窩蜂湧進這一行。

事實上，每個行業都有成功的機會，但機會只留給了個別的幾個人。高估自己的水準、低估事情的難度，都是因為沒有精準掌握機率，而這只會讓創業失敗的機率更大。

我們覺得創業成功的機率很高，是因為我們聽到很多成功的案例，從而在我們內心形成了一個印象：創業等於成功，成功等於財富自由。

這就是**倖存者偏差**。我們在**分析問題時所依賴的資訊，全部或大部分來自顯著資訊，較少利用不顯著的資訊，或者徹底忽略「沉默的資訊」，因此得出的結論與事實情況就可能存在巨大偏差**。

比方說，許多著名企業家都輟學創業：比爾．蓋茲輟學創辦微軟、賈伯斯輟學創辦蘋果公司、馬克．祖克柏（Mark Zuckerberg）輟學創辦臉書（Facebook）等。於是，各種鼓吹學歷不重要、讀書無用的文章開始出現在網路上。如果你恰好學業成績不太好，或許也夢想著能像他們一樣，未來還是很美好，不用學歷也能笑傲江湖？

然而，理解倖存者偏差就會知道，企業家輟學創業成功的只有這麼幾位，更多的企業家都有著扎實學識和教育背景。即使是這幾位，也都是從哈佛等著名大學輟學，能進入這些名校的人已經是「倖存者偏差」了。

而現實中，如果我們真的因此而輟學，恐怕最大的可能就是繼續沉淪於社會底層，沒有翻身之日，沒日沒夜工作，只能寄希望於下一代。這才是殘酷的現實。

**倖存者偏差又叫「死人不說話」**。這個比喻來自醫療領域，只有活下來的人才有機會出來鼓吹治療多麼有效，死去的人沒有爭辯的機會。

這在日常生活中非常常見，例如你可能生了某種病，身邊的人告訴你「我親戚就是吃這個藥才好的」，或「我有個朋友找了那個老中醫，很有用」等。

但無論你的親朋好友和你關係多好，他們多值得信任和尊重，在客觀規律面前大家都是平等的，疾病和醫藥不會因為你的喜好，而照顧或偏袒你的親朋好友。

人們為成功者戴上光環，以為是他們的行為使他們成功，其實也有可能他們的做法是錯的，只是倖存下來而已。因為那些沒有倖存下來的人可能做法一樣，只是他們沒有機會講出來，或哪怕講了也沒有人聽。

之所以會產生倖存者偏差，是因為沒有正確理解事情發生的機率，僅從一、兩個個案就貿然得出普遍性的規律，從而誤解了真實世界的全貌。

## 正確的事情要重複做

如果我們理解創業成功機率並沒有那麼高，是不是就該放棄呢？其實，如果一件事情能有較高的收益，即使機率低，我們也可以利用機率的集合放大收益的可能性。

比方說，既然創業失敗機率這麼高，為什麼還有那麼多機構願意投資創業公司？每個創業都是成功率極低的高風險投資，但創業投資（Venture Capital，縮寫為 VC）公司為了規避單個投資專案的失敗機率，就要透過集合大量樣本以規避風險。

那些成功的創投公司，你只看到他投資某間企業而獲得了巨額回報，但你沒看到的是，為了不錯過任何一個可能成功的創業專案，他們會投入成百、上千個各個領域的新興公司，哪怕只有一%的成功率。因為這一個成功專案所帶來的回報，足以彌補其餘九九%創業失敗的損失，甚至還能盈利。

這就是正確理解機率，並利用機率整合風險、提高收益的方法。

而針對個人，我們該如何提高創業成功的機率？劉潤在《底層邏輯2》給出了一條「創業成功公式」：**整體成功率＝一〇〇%－（一〇〇%－基礎成功率）×嘗試次數**。根據這個公式，提高整體成功率有兩個方法：一是提高基礎成功率，二是增加嘗試次數。這也是為什麼人們常說：**正確的事情要重複做。正確的事，就是能提高基礎成功率的事；而重複做，就是增加嘗試次數**。

但即便這樣，我們還是無法保證一〇〇%獲得創業成功，因為這個世界上沒有一〇〇%的成功率。就算你有了九九%的整體成功率，依然有一%的可能會失敗。

我經常跟同事說，做事情一定要「盡人事，聽天命」，因為要完成一件事，必須盡自己最大的努力，只有傾盡全力才能提高成功機率。而聽天命，就是付出了自己的所有努力之後，要尊重機率的不確定性，也就是運氣。

我們不能指望只要盡力了就會有好結果，因為好的成果其實含有運氣成分。許多成功者都很清楚的理解這一點，例如騰訊執行長馬化騰曾說「我創業初期七〇%靠運氣」，小米科技創始人雷軍也說過「企業的成功八五%來自運氣」。

但這不意味著因為成功需要運氣，我們就可以不用努力了。反而**只有盡全力的人，才有資格坦然接受運氣之神的光臨**。即使最終無法實現預期的目標，我們也能坦然的說，我已經盡力了，沒有遺憾。

## 2 大數定律：別把自己「外包」給運氣

即使我們能夠做到盡人事聽天命，但如果運氣一直不降臨，該怎麼辦？

先講講我自己的故事吧。大學畢業那年，我以中國某省公務員考試第一名的成績進入公職體系，你可以想像我當時是多麼意氣風發。可是不到半年，我就找不到努力的意義了。

不知道你有沒有遇過這種挫敗感：你辛辛苦苦加班一週、做出很棒的成果，仍抵不過別人一句話否定；你每個月拿到的薪水，大部分都拿去繳房租；你想買房，但房價上漲的速度比你存錢更快；你努力存了一年的積蓄，打算去歐洲旅遊，卻發現很多人一出生就住在你夢想的城堡裡。

總有一些事情是你無力改變的。一次、兩次、三次的挫敗會讓我們懷疑，在運氣面前，努力能有多大的機會？所以，近幾年的反內卷（按：involution，內卷原為社會學概念，指一種文化模式發展到一定水準後無法突破自身，只能在內部繼續發展、複雜化的過程。近年來引申表示付出大量努力卻得不到等價回報，必須在競爭中超過他人的社會文化，為中國流行語）、躺平，成了許多人最後的反抗。但是，原地躺平，把自己「外包」給運氣主宰，我們就能「躺贏」嗎？

運氣這件事，在經濟學上可以用機率解釋。

## 無數的偶然，最終導致某種必然

我們先玩一個拋硬幣猜正反面的遊戲吧！你覺得，拋出一枚硬幣，落下來是正面的機率是多少？很簡單，就是五〇％。

如果我第一次拋出來是正面，你可能覺得，第二次就該是反面了吧？而如果我連續拋出十次正面，你可能會覺得，第十一次總該是反面了吧？

連續十次都是正面已經是非常罕見，連續十一次都是正面的機率是不是應該更低？這時候，賭反面的機會是不是更大？

事實上，下一次是正是反，誰也無法預知。並不是說因為前面十次拋出正面，這次拋出反面的機率就會更大一些。為什麼？

我想跟你說明一個統計學的名詞：大數定律（Law of Large Numbers）。**當隨機事件大量、重複出現時，往往呈現幾乎必然的規律，這個規律就是大數定律**。

更通俗的說，這個定理就是在試驗條件不變的情況下，重複試驗多次，隨機事件的頻率會近似於它的機率。

如果還無法理解，我再舉個例子說明：我們常用的骰子有六個面，拋出的那一剎那，你知道落地後會是什麼結果嗎？

不會。不管你猜哪個點，都是猜的，猜對的機率只有六分之一。

如果你連續拋十二次，是不是每個點數都會出現兩次？並不是，有可能是連續十二次都是一點，也有可能出現四次三點、六次四點和兩次一點，任何可能的情況都會出現，任何可能的結果也都合理，任何結果出現的機率都無法確定，這正是隨機的意思。

不過，如果連續拋一萬次、一百萬次骰子呢，這時候再來猜落地後是什麼結果，你是不是就能猜出來了？當隨機事件發生的次數夠多，結果就會從無法預測的隨機事件，變成具有確定性的結果：每個點數都會出現平均且一樣的次數。

大數定律的結論就是：**無數的偶然，最終導致某種必然**。

也就是說，**機率只有在樣本數夠大時才有意義**。當我們將之**歸類到一個或幾個具體**

**的個案上，卻未必能夠按照機率發生。**

據說，在美國追擊奧薩瑪・賓拉登（按：Osama bin Laden，伊斯蘭武裝組織「蓋達組織」的第一任首領）的過程中，時任美國總統歐巴馬（Barack Obama）的智囊團曾不只一次提醒他，賓拉登有三〇%至九五%的機率藏匿於巴基斯坦（Pakistan）的亞波特巴德（Abbottabad）。但總統聽聞卻不以為然，他回應：「在我看來，機率就和扔硬幣一樣是五〇%。」

是的，在真實世界中，**無論機率高低，對於每個個體來說都只有兩種可能：是或否**。比方說，某種癌症的發病率是〇・五%，意味著十億人裡可能有五百萬名患者。但若縮小到個人，只有兩種可能：患病，或者沒患病，誰也無法預測會不會得病，以及什麼時候得病。

## 別看成功，要看失敗的後果你能否承受

股神巴菲特曾提出一個靈魂拷問：如果左輪手槍的六個彈匣裡有一發子彈，要你對著自己的頭開一槍，給你一百萬美元，你願意嗎？

大部分人的回答是不願意，因為風險太大了。

巴菲特接著說：我們把條件放寬一點——手槍有一百個彈匣，還是只有一發子彈，對著自己的頭開一槍，給你一百萬美元，你願意嗎？

這次，說願意的人多了一些。在他們眼中，一百萬美元可以幫他們解決很多困難。俗話說「富貴險中求」、「人生能有幾回搏」，拚了！

可是他們忘了，如果只看機率，而沒有看到機率之下的結果，也會誤入歧途。

以巴菲特的老師葛拉漢為例，他小時候經歷了家族由富變窮，因此極度厭惡不確定性。他夠聰明、夠專業、夠用功，也在年輕時累積了足夠豐富的經驗。

然而在大蕭條面前，這位華爾街教父依然沒能逃脫，幾近破產。這件事機率雖小，浪頭卻如此巨大、如此漫長，足以捲走所有由智慧與謹慎構築的堤壩。

從一九二九年九月至一九三二年大蕭條的谷底，道瓊工業平均指數（Dow Jones Industrial Average，以美國證券交易所上市的三十家著名公司的價格加權衡量股票市場指數）大約縮水了九〇％。

一篇文章記載，一九三〇年初，虧損還不多的葛拉漢到佛羅里達州會見一位老商人，老人已經九十三歲，做了一輩子生意，他告訴葛拉漢：別在這裡虛度時光，你應該趕緊坐火車回紐約把股票都賣了，清償債務，然後做你該做的事。

然而，葛拉漢非常自信，不僅錯過了這最後的逃命機會，還以為市場沒事了，試圖翻本的他開槓桿進場抄底（按：在資產價格下跌或跌到最低點附近時進場）。但是，「所謂的底部一再被跌破，那次大危機的唯一特點是噩耗一個接著一個，越來越糟」。

對時代而言，二十世紀的大蕭條，也許只是一個黑天鵝（按：黑天鵝理論〔Black swan theory〕，指極不可能發生，實際上卻又發生的事件）似的事件。但對個人而言，可能就是在劫難逃的一生厄運。

正如巴菲特的總結，**如果某個結果我們無法承受，即使它出現的機率再小，也不該冒險**。即使你預測正確、決策正確，然而隨機性的世界分布並不均勻。聰明且謹慎如葛拉漢，在遭遇大蕭條時依然熬不過去。人生短暫，我們的關鍵選擇和決策，很多時候都被這樣機率微小的事件支配，最終左右了我們的命運。

因此，做決策的關鍵不是那些機率高的事件發生時，所帶來的喜悅和吸引，而是相對應微小機率的事件發生時，你的承受力有多少。

例如，你有一個十倍回報的投資機會，成功率高達九〇%，可以讓你的一百萬元變一千萬元，一千萬元變一億元，這可是一個致富的大好機會啊！即使保守如巴菲特可能都會建議你進場。那麼，你該抵押自己的房子，只為接住這個機會嗎？

這個問題沒有標準答案。你唯一應該考慮的是，假如一〇%的失敗發生時，房子虧掉了，你能接受這個結果嗎？

## 保險其實是雙贏

先前我們在討論風險時，曾談到保險的意義。

對於保險，很多人一直持有異議。例如我有個很聰明的朋友，是門薩國際（按：Mensa International，世界上規模最大及歷史最長的高智商同好組織）的會員。他就認為，醫療保險是保險公司的騙局。為什麼？因為醫療事故發生的機率，乘以你萬一患病可能發生的醫療費用，就是這個疾病的期望代價。

比方說某種癌症的患病率是〇．五%，一旦患病需要支付的醫療費是一百萬元，患這個病的平均代價就是五千元。但是，你所繳納的保費肯定超過這筆金額，這正是保險公司的利潤來源。

保險公司之所以賺錢，就是因為我們害怕，所以我們才會被「割韭菜」。

然而，保險真的是「割韭菜」嗎？他的計算看來確實沒問題。但關鍵是我們作為個體，沒辦法計算出自己患病的可能性，也沒能力隨時準備好一百萬元。

其實，**保險正是大數定律的集合**。患病的風險對我們個體來說無法預測，因為樣本太少了。但**只要樣本夠多，患病發生機率就是可統計的，患病帶來的損失就可以以錢衡量，保險公司也就可以把該風險量化成一個確定的數字，這就是保險費的基礎**。

所以，**買保險對投保人和保險公司來說，其實是雙贏：投保人把難以預測的風險，轉化成確切的費用，避免風險發生帶來巨額損失；而保險公司則靠大數定律鎖定風險，從中賺取費用**。

這就是保險的意義，保險公司將個人無法預測、無力承擔的風險，透過風險集中的方式，利用大數定律確定可能發生的機率及可能造成的損失，再精算要付出的代價，分散出售給個人，從而實現了「風險集中，收益分散」的效果。

再回到最初的問題：如果總是遇到生活的挫折，我們應該躺平嗎？

我們還是要從大數定律找答案：一次、兩次的結果是偶然，只有足夠多次的嘗試才能得到確定性的結果。如果我們只是經歷過一次、兩次、三次的失敗，就認為成功的機率為零，於是就躺平了、放棄了，這就是內耗了自己的人生。反過來說，如果你一次、兩次的躺平，獲得好運氣，能躺贏這一生嗎？

人們常說要「反內卷」，但內卷的反義詞不是外包，你不能指望把自己的人生「外包」給運氣替你做主。內卷的反義詞，應該是外展，打破內在的掙扎、擴展更大的視野、嘗試更多的可能性，讓自己得到進化（從內卷〔involution〕到進化〔evolution〕）。

你或許曾抱怨很多事情有「門檻」，阻攔了你的腳步。但所謂門檻，不就是用來跨的嗎？當你跨過去，它就是門；你不跨過去，它就是檻。更進一步看，如果人生關了你一扇門，你就應該從此閉關嗎？

門關了，你就把它打開；如果打不開，就拿東西撬開；如果撬不開，就砸碎它。人生的門，就該這麼用。只有一次次的突破，才能通往你想要的遠方。

## 3 中獎率比被雷打到還低，你還是要買？

中國財政部統計資料顯示，二〇二三年彩券銷售金額為人民幣五千七百九十六．九六億元，較前一年增加人民幣一千五百五十．四四億元，增長三六．五%。其中，福利型彩券銷售人民幣一千九百四十四．四一億元，較前一年增加人民幣四百六十三．一一億元，增長三一．三%；體育彩券銷售人民幣三千八百五十二．五五億元，較前一年增加人民幣一千零八十七．三三億元，增長三九．三%。

（按：根據臺灣財政部統計資料，二〇二三年彩券銷售金額為新臺幣兩千零一十九億元。其中，公益彩券銷售新臺幣一千四百二十六億元，較前一年增加新臺幣一百三十四億元（增長一〇．四%）；運動彩券銷售新臺幣五百九十三億元，較前一年減少新臺幣九億元（降低一．六%）。）

中國彩券如此熱銷，背後是不斷登上社群平臺的熱門話題：杭州一名女子只花人民幣二十元買刮刮樂，就刮中百萬元；大學生校內買人民幣十元彩券，中了二十五萬元；

年輕人愛去財神廟用身分證玩刮刮樂……。

買彩券的年輕人越來越多，且非常熱衷於刮刮樂這種彩券類型，他們如此形容：「『刮刮樂』就像『命運盲盒』，萬一暴富了呢？」

彩券其實並不是當今年輕人的專屬娛樂。花兩塊錢買一張彩券，當場打開兌獎，獎品從洗護用品、毛巾、自行車到冰箱、彩色電視機、洗衣機，甚至汽車、房子等，這是中國一九八〇年代、乃至二十一世紀初人們很熟悉的場景，當時幾乎每個販售彩券的地方都是人山人海。這便是中國最早的即開型彩券。

## 人往往會高估發生機率較小的事件，例如中頭獎

但是，彩券真的值得買嗎？根據統計，「刮刮樂」彩券的平均中獎率只有二〇％左右，而平均報酬率只有約五〇％。也就是說，每花一百元購買刮刮樂，平均只能得到五十元的獎金，且只有二〇％中獎機率。這意味著消費者如果期望透過買刮刮樂獲得高額回報，甚至產生「持續買，總會有中獎的一天」的心態，長期玩下去必然會虧損。

既然如此，為何還有那麼多人沉迷於刮刮樂？

一九七九年，心理學家丹尼爾・康納曼（Daniel Kahneman）和阿摩司・特沃斯基（Amos Tversky）提出了前景理論（Prospect Theory，也稱展望理論），描述人們如何在決策過程中處理風險和不確定性。

前景理論是行為經濟學的重要理論之一，被認為是決策理論的一個重要突破，它挑戰了傳統的預期效用假說（按：假設人是理性的，對風險的態度是風險規避，決策時追求效用〔個人主觀衡量快樂程度〕的最大化）。

**前景理論認為，人往往會過度估計機率較小的事件，而機率較高的事件則會被低估，導致人們在面對不確定性決策時，往往會出現不理性的決策。**

這解釋了為何人們在面臨風險和不確定性時，常常會做出違背傳統理性決策模型預測的行為。例如，買彩券中大獎這種稀有的事，發生機率往往會被高估。

而越誇張的低機率事件，人往往越會高估其發生的可能性。二〇二二年十一月，美國樂透彩券「兆彩」（Mega Millions）因過去多期沒人中頭獎，累積至十九億美元，創下全球紀錄。雖然一人獨得的概率只有二・九二二億分之一，但完全無法阻擋全美各地民眾瘋狂搶購彩券的熱潮。

人們瘋狂買彩券的一個主要原因，是大家都不明白二・九二二億分之一的機率到底有多低。據說，這個機率約等於連續被雷劈七次。即使如此，大家還是覺得值得一搏。到底值不值得一搏呢？

我們可以用投資學的風險報酬率（按：中國、香港等地多稱「值博率」）解釋。值博率理論，其實就是「準備輸多少以贏多少」的理論，它不預測行情的發展方向，它只是指出在某些位置該採取做多或做空的策略，至於結果如何，事前不知道。唯一能知道的是，投資者自己準備輸多少來博取贏多少。

即使是在被稱為「現金碎鈔機」的賭場，也曾有人透過計算值博率獲得豐厚收益。美國電影《決勝二十一點》（*21*）描述一九九〇年代時，一位麻省理工學院（Massachusetts Institute of Technology，縮寫為MIT）教授訓練一群數學能力高超的鬼才學生，利用算牌技術到賭城跟莊家鬥智，大玩二十一點（Blackjack）。結果，這群學生橫掃各大賭場，狂撈賭金。

這部電影並非虛構，而是美國麻省理工學院高材生、計量分析奇才馬愷文的真實故事。他加入的「麻省理工二十一點小組」，每逢週末便攜帶十萬美元本金，在拉斯維加斯和大西洋賭城大玩二十一點，憑藉其精準的數牌體系，竟然在賭桌上贏取了超過六百萬美元的鉅款，以至於被全美各大賭場列入黑名單。

為什麼其他人到賭場肯定是輸得多、贏得少，他卻能逆轉這一情況？具體來說，他把二十一點遊戲視作純粹的數學問題，並透過自創的數牌系統分析獲勝的機率。透過計算，他和隊友配合能帶來的相對莊家優勢，也只不過是二％至三％。這種機率的優勢並不意味著你能連續獲勝，而是意味你投資一百美元，有高機率只能獲取二％至三％的利潤，有時甚至會虧損。雖然只有二％至三％的利潤，但由於值博率為正，只要運用到大樣本之中，將時間、次數拉長後，就能消除、平衡機率的波動性，而獲得確定性的收益。

成名之後的馬愷文曾寫過一本書：《莊家優勢：MIT數學天才的機率思考，人生贏家都是機率贏家》（*The House Advantage: Playing the Odds to Win Big in Business*）。如果你對機率感興趣，這本書值得看看。

然而，我們還必須知道，馬愷文之所以能夠成功，也與他神一般的記牌、算牌能力有關。尋常人還在絞盡腦汁回憶牌桌上的細節，準備孤注一擲、賭一把運氣時，馬愷文利用自己的縝密推算掌握了賭局的走勢，已經穩操勝券。

因此，即使離開賭場，他還可以將自己的卓越天賦運用在商業上，用數學的力量在風雲變幻的商海中叱吒。隨著大數據運算及資料分析在商業競爭中重要性顯著提升，馬愷文後來擔任了微軟旗下的 Microsoft for Starups 副總裁。

## 富不過三代，是均值回歸的常態

即使真的僥倖中獎，人生是不是真能就此走上幸福的康莊大道？

美國記者曾針對一批中獎者，在中獎前後五年間的生活狀況進行詳細的調查統計，結果一定讓你感到驚訝：超過九〇%的人重回之前的貧窮狀態，那筆橫財在短短兩、三年間就揮霍殆盡了。運氣從何而來就從何而去，沒有為生活帶來本質上的變化。

最可怕的後果是會讓一個人變得自負：「好運與我相伴，我一定能贏！」哪怕形勢危急，他可能還試圖孤注一擲，豪賭一番試圖挽回敗局，卻不知只是徒勞罷了。

你可能還想問：有沒有可能某些人就是會持續遇上好運，或持續遭逢厄運呢？

統計學上除了研究機率之外，還有一個重要的結論是「均值回歸」。

**均值回歸是指股票價格、房產價格等社會現象，或氣溫、降水等自然現象，無論高於或低於價值中樞（均值），都會以很高的機率向價值中樞回歸的趨勢。**如果一個資料和它的正常狀態偏差很大，它向正常狀態回歸的機率就會變高。

**可以說，均值回歸就是大數定律的體現。**還是以最初拋硬幣的例子說明，如果真的出現拋十次硬幣，九次甚至十次都是正面的情況，是不是就說明這個機率改變了呢？其實不是。**隨著拋硬幣次數增加，大量的正常資料會削弱最初那部分異常資料的影響。正常資料越多，異常資料的影響就越小，直到小到可以忽略不計。**

例如當次數達到一萬次（或更多）時，正反面的比例就會越趨近於一比一，這就是拋硬幣正反面會出現的機率，一半一半。

除此之外，均值回歸還展現在生活中的諸多面向。比方說，有些網友曾發文感嘆自己和另一半明明都是北京大學、清華大學等名校畢業的優秀人才，孩子卻怎麼教都教不會，完全不是讀書的料，其實這也是均值回歸的結果。

父母越優秀、越天才，只能證明他們是常態分布的兩極之一，通常稱為異常值，其子女有很高機率會趨向均值回歸。要是沒有均值回歸的規律，高智商的後代智商越來越高，低智商的後代智商越來越低，經過幾千年的進化，智商所產生的複利只會讓人類變成兩個物種。

此外，民間俗語中「**富不過三代**」之類的說法，**也可以理解為是均值回歸**。

## 4 想成功，得找到成功機率高的因素

考上好大學，就能獲得美好未來嗎？很多人可能會給出肯定的答案。甚至有些人認為，唯有好好念書、考上好大學，才有可能獲得光明的未來。

然而，這種簡單的因果論，不僅忽視了機率的影響，還忽略其他諸多因素。

其實，我們常聽到這種單執行緒（按：電腦科學用語，此指按一定順序執行任務，就能獲得下一項任務或結果）的因果論，例如「只要我努力學習，一定會有好成績」、「只要努力工作，就一定能晉升」，或者是「我想要好成績，就必須努力學習」、「我想要晉升，就必須努力工作」等。

這種心態可以為我們帶來一定的動力，但就本質來說，它誤解了世界運行的規律，是一種過度樂觀的認知偏差。

過度依賴這種單執行緒的期望，很容易在期待落空時受到極大的挫敗。例如，許多踏入社會一、兩年的新鮮人都會遇到這樣的情況：發現某個同學已經賺了很多錢，不只

買車，甚至也買房了，對比一下自己，依舊拿著不用繳所得稅的基本薪資，買房買車遙遙無期。更讓這些人感到失落的是，那些賺了大錢、有好發展的同學，往往在校時成績都不算特別好。

## 人生中每件事都是隨機發生，又互相關聯

因為現實世界並不是簡單的單執行緒邏輯，而是多因素模型。一件事情的發生，是許多因素共同作用和影響而產生，每個因素都會影響這件事發生的機率。

因此，每件事的發展過程，都是一個個事件組成的鏈條，每一個事件的發生都是隨機的，都有各自不同的發生機率，單看每一個事件都是獨立的，但組成的鏈條卻又錯綜複雜、互相關聯。

隨著事件發展，未來的可能性會逐漸歸於某些事件鏈條，而你需要不斷關注還剩下哪些事件鏈條、發生的機率又產生了什麼變化。最終，所有的可能性會集中到一個事件鏈條上，那就是這件事真正產生結果的時刻。只有到這個時候，才會看到所有的可能性都消失了，產生一個不可逆的結果。

但在事情走向最終確定點的過程中，一切可能性都有機會發生，這時我們應該關心的是，每個事件發生的機率有多大、事件之間會互相產生什麼影響。

因此，**人生中許多結果實現的機率，都可以分解成為不同事件的機率，最後將它們歸納而求得這個結果發生的總機率，我們稱作全機率**。

所謂全機率，就是將一個複雜的事件，分解為若干個互不相容且完備的子事件，分別求出每個子事件發生的機率，再乘以該子事件下複雜事件發生的條件機率，最後將所有結果相加，就得到了複雜事件發生的總機率。

怎麼計算全機率？必須用到決策樹（Decision Tree）模型。它指的是在已知各種情況發生機率的基礎上，透過創建決策樹以求取淨現值（按：Net Present Value，指將投資計畫的未來期望收入換算為現在的金額，再減去投資成本）的期望值大於等於零的機率，可用於評價專案風險、判斷可行性，是直接運用機率分析的圖解法。由於這種決策分支畫成圖形很像一棵樹的枝幹，故稱決策樹。

比方說，我們想知道某項投資成功的機率有多大，就要先找出影響這項投資成功的所有因素，分析每個因素的影響和機率，再透過全機率公式計算投資成功的可能性。

但是，現實生活中，我們更想要的是達到某項結果，希望知道實現這個結果的影響因素有哪些、影響的機率有多大，從而找出影響機率最大的那些因素，在這些因素上持續加強，增強實現的可能性。

這就需要用到全機率公式的逆向應用，叫作**貝氏定理**（Bayes' theorem，下頁圖表 7-1 為公式），它主要應用於我們日常生活中常觀察到某種現象，反推造成這種現象的各種原因的機率。簡單來說，就是**由果推因**。

貝氏定理的公式看起來很複雜，但我們可以用一個例子說明：假設你上班常遲到，該如何才能改進自己的行為，減少遲到被扣薪？

你可以先分析，有哪些因素會導致自己遲到？比方說分析出來有三種原因：排隊等電梯的人太多、路上塞車、睡過頭。經過多次觀察，你發現這三個事件發生的機率分別是：〇．二、〇．三、〇．五（事前機率）。再經過計算，你知道自己一旦遇到這三種情況，遲到的機率分別是〇．八、〇．六、〇．四（條件機率，也稱事後機率）。

如果你遲到了，這三個原因分別可能性是多少呢（參考下頁圖表 7-2）？

根據貝氏定理公式，我們可以得出你遲到的最大原因是睡過頭（〇．三七）。因此，只要你能解決睡過頭的問題，就能減少遲到的可能；如果你還能解決塞車問題（〇．三三三），就更能避免遲到了。

## 增加好事發生的機率、降低壞事發生的機率

所以，在生活中，**你想要達到任何成果，都應該關注導致這個結果的所有事件鏈條，以及它們的機率。**也就是說，你沒辦法預測結果，結果只能自己產生。**如果你想讓成功稍微偏向你一些，不能只靠預測結果，而是必須努力改變鏈條上每個事件發生的機率，使最終的結果一步步向你的預想靠近。**

比方說，我想要身體健康、減少生病，因此我常去健身房運動，但這並不意味我一定能獲得強健的身體，只是可以在我能控制的範圍內，盡可能

### 圖表 7-1　貝氏定理

$$P(A_i \mid B) = \frac{P(B \mid A_i)P(A_i)}{\sum_j P(B \mid A_j)P(A_j)}$$

### 圖表 7-2　以貝氏定理計算遲到的三種可能性

$$P(B_1 \mid A) = \frac{P(A \mid B_1)P(B_1)}{P(A)} = \frac{0.8\times 0.2}{0.8\times 0.2+0.6\times 0.3+0.4\times 0.5} \approx 0.296$$

$$P(B_2 \mid A) = \frac{P(A \mid B_2)P(B_2)}{P(A)} = \frac{0.6\times 0.3}{0.8\times 0.2+0.6\times 0.3+0.4\times 0.5} \approx 0.333$$

$$P(B_3 \mid A) = \frac{P(A \mid B_3)P(B_3)}{P(A)} = \frac{0.4\times 0.5}{0.8\times 0.2+0.6\times 0.3+0.4\times 0.5} \approx 0.370$$

提高身體健康、少生病的機率。除此之外，注意飲食和作息，生病的機率可能降低二〇％；改掉熬夜的習慣，生病的機率可能降低一五％；不喝含糖飲料，生病機率可能降低五％……。

這就是我們能做的，**透過改變自己的行為，增加好事發生的機率、降低壞事發生的機率**。而當最終結果發生時，無論是好是壞，也無論發生的是機率高或機率低的事件，都接受它。

即使那些成績比自己差的同學，畢業後居然賺得比我更多，也要接受並尊重。人的一生取得成就的因素有很多，絕不只是因為成績這單一項原因，還包含選擇、自我認知偏差、行動力、技術、運氣，甚至是身體狀況等。成績好並不是優秀的唯一標準，那些成績較差的孩子，可能擁有一些不為人知的優異特質或能力，而讓他們能成功。

例如，大家都知道學習能力是成功的重要因素，所以才會覺得成績好的學生，必然未來可期。但那些看起來資質一般、卻能有所突破的人，也許只是書本知識的學習能力不夠強，但他們從經驗中學習的能力很好，得以在「社會大學」中反覆歷練與進化。他們擁有的知識也許沒辦法反映在學歷、證照之上，但不可否認的是，他們有著通往成功的知識和能力。

而那些學生時期成績優異的人，也有反覆歷練和進化嗎？某些在校時表現光彩奪目的人，之所以過了幾十年後泯然於眾人，多半是因為坐享於自己一開始就擁有的成就，而不再拓展自己的技能，沒有更深入學習、累積自己的天賦。

許多人習慣只看結果，但結果往往是眾多機率疊加而成的最終狀態。

因此，我們要選擇有利於實現目標的高機率事件，持續投入其中，但同時也要為低機率事件做好備份，避免造成我們無法挽回的損失。

只要你能好好利用機率論，把握孰輕孰重，並有的放矢的持續堅持，成功就一定會越來越向你傾斜。

第 8 章

# 人生最佳解，<br>答案在博弈裡

很多人覺得博弈論是詭計，是教人如何算計別人，是各種挖空心思的陰謀，跟「厚黑學」（按：《厚黑學》為清末民初學者李宗吾所著，書中闡述古今人事業的成就，皆出於厚臉皮與黑心〔即無恥與自私〕）一樣。然而，博弈論卻是實實在在的科學，且屬於數學的一個分支。

知名經濟學家何帆曾講過這樣的故事：他當年在哈佛大學上博弈論課程，發現全是數學公式和邏輯，前面、後面和左邊的同學全都是數學系的博士。只有他右邊坐著義大利銀行的訪問學者，跟他一樣面無表情。

何帆問他：「你聽得懂嗎？」

他搖搖頭，也問何帆說：「那你聽得懂嗎？」

何帆也搖搖頭。兩人相視一笑：「那我們還坐在這裡幹嘛？」

於是，兩個人就一起去喝咖啡了。

博弈論跟數學有多大關係呢？你或許會很驚訝：創始人約翰・馮・諾依曼（John von Neumann）所著《博弈論與經濟行為》（*Theory of Games and Economic Behavior*，中文書名暫譯）是博弈論的開山之作，其中用了三千多個數學公式。

博弈論從誕生之初，就是一套精密的數學理論，主要研究決策過程中各個參與者之間的相互作用和影響，目的是透過理性分析和策略選擇，達到最佳決策效果。所以，它不僅局限於棋盤遊戲或賭場對決，更廣泛應用於政治、經濟、社會，乃至於日常生活中的人際交往。

幸好，雖然高深的博弈論需要用到數學模型，仍不妨礙我們了解它的基本思想。博弈論本身是把真實世界中的複雜情況，簡化成各種模型，以此推演和論證其中的基本原理，其思想精華並不體現在數學之中。

美國第一位獲得諾貝爾經濟學獎的著名經濟學家保羅．薩繆森（Paul Samuelson）說，如果你想成為有見識的人，就一定要讀博弈論。

對我們來說，學習博弈論不僅可以幫我們做出最佳選擇，還能幫助我們理解長期存在於社會的各種現象，增強對人生的認知，從而改變人生。

# 1 囚徒困境：最後每個人的利益都遭殃

為什麼有一個同事加班，其他人都會跟著加班？

為什麼兩家企業惡性競爭，會把價格降到成本以下？

我們先講一個最有名的博弈論命題，叫作「囚徒困境」。

兩個人因竊盜被捕，警方懷疑兩人還有搶劫行為，但未獲得確鑿證據，除非有一個人供認或兩個人都供認。即使兩個人都不供認，也可判他們盜竊物品的輕罪。

接著，兩名犯人被分別審查，不允許他們互通消息，同時告訴他們：如果兩個人都供認搶劫，他們都將因搶劫加竊盜罪被判兩年監禁；如果兩個人都拒供，則他們都將因竊盜罪被判六個月監禁；如果一個人供認而另一個人拒供，供認者會被認為有立功表現而立刻獲釋，而拒供者將因搶劫、竊盜罪加上抗拒從嚴而被重判十年。

## 雙贏局面為何不容易出現？

簡單來說，如果兩名犯人都拒供，則每個人判半年；如果兩名犯人都認罪，則每個人判兩年。相較之下，兩人都拒供是對他們來說雙贏的結果（見圖表8-1）。

但是，拒供這個對兩人來說最好的結果，實際上卻不太容易發生。因為兩人都會發現：如果對方拒供，則自己供認便可立即獲釋，而自己拒供則會被判半年，因此供認是較好的選擇；如果對方供認，則自己供認將被判兩年，而自己拒供則會被判十年，因此供認是較好的選擇。可見無論對方拒供或供認，自己選擇供認始終是更好的。

這叫作納許均衡（Nash equilibrium）。

**圖表 8-1　囚徒困境博弈示意圖**

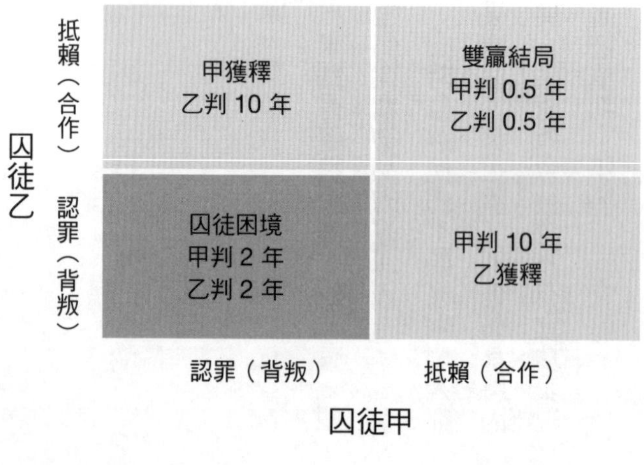

| 囚徒乙 \ 囚徒甲 | 認罪（背叛） | 抵賴（合作） |
|---|---|---|
| 抵賴（合作） | 甲獲釋<br>乙判 10 年 | 雙贏結局<br>甲判 0.5 年<br>乙判 0.5 年 |
| 認罪（背叛） | 囚徒困境<br>甲判 2 年<br>乙判 2 年 | 甲判 10 年<br>乙獲釋 |

美國電影《美麗境界》（*A Beautiful Mind*）敘述了著名數學家、經濟學家約翰・納許（John Nash）從事業的高峰滑向精神失常的低谷，再奇蹟般逐漸恢復的生平。電影於二〇〇一年上映時引起巨大轟動，一舉獲得八項奧斯卡獎提名，並獲得最佳影片、最佳導演、最佳女配角及最佳改編劇本四項大獎。

電影中的男主角納許，一九四八年申請普林斯頓大學（Princeton University）碩士學位時，推薦他的教授只寫了一句推薦語：他是位數學天才。

為什麼說他是天才呢？一九五〇年，年僅二十二歲的納許憑藉非合作賽局（Non-cooperative Games）為題的二十七頁博士論文畢業。在那篇僅僅二十七頁的博士論文中，他證明了非合作賽局及其均衡解，並證明均衡解的存在，這便是後來的納許均衡，數十年後他也因此獲得諾貝爾經濟學獎。

納許均衡是指在包含兩位（或以上）參與者的非合作賽局中，**任何一位玩家單方面改變自己的策略（而其他玩家策略不變），都不會提高自身的收益**。

由於每個囚徒都發現，供認是對自己來說更好的選擇，於是博弈的穩定結果是兩名囚徒都會選擇供認，這種穩定結果就是博弈的納許均衡。

這樣的結果多少有點令人意外。他們為什麼不可以訂立一個攻守同盟，都選擇拒供，從而獲得一個對雙方都更有利的結果呢？

**「囚徒困境」常被看作個人理性衝突和集體理性衝突的經典情形**，因為在囚徒困境的局勢中，**每個人根據自己的利益做出決策，但最後的結果卻是每個人的利益都遭殃。**

## 現實中的囚徒困境

現實中諸多的問題和現象，也都是囚徒困境的翻版，例如中國網路上常說的九九六工作制（按：指早上九點上班、晚上九點下班、每週工作六天的工時制度）。

要追究九九六工作制的形成原因，我們可以先想像一個小鎮，鎮上有三家超市，它們每天中午十二點開門，營業到晚上六點，每週一至週五營業五天，週末休息。此外，在極端天氣或節日時超市也會關門，老闆和員工們可以出外度假。

多年以來，小鎮上的常住人口沒有什麼變化，所以超市的規模也穩定。我們可以認定，小鎮居民的購物需求和三家超市的規模，形成了近乎完美的平衡狀態。

直到有一天，一家全球連鎖的超市到這個小鎮拓點。

連鎖超市不僅規模大，且營業時間參照大都市，每天早上九點開門，晚上九點才打烊，週六正常營業，只有週日休息。

以前的居民早已形成晚上六點之後就不再出門購物的習慣，但隨著連鎖超市進駐，大家逐漸習慣了這種早上起來就能購物、晚上沒事還能逛超市的生活。漸漸的，連鎖超市的「勤奮」得到了回報，他們的生意明顯比那三間在地超市好。

這三間超市該怎麼辦？超市老闆們算一算，只能跟著做了，於是效仿連鎖超市的營業時間，每週開門六天，每天營業十二小時，唯獨有一間超市的老闆硬著頭皮不改。

結果，效仿的那兩家超市的「勤奮」也得到了「回報」：他們的營收慢慢恢復了。而硬是不改的那間超市，業務量則慢慢萎縮，最終倒閉。

小鎮恢復為三家超市的格局。但由於小鎮人口沒有增加，購物的需求量保持恆定，跟以前一樣，所以最終存留下來的三家超市規模，跟之前的三家也沒有什麼變化，但營業時間從原來的每週五天、每天六小時，變成了每週六天、每天十二小時。

也就是說，他們的工作時間變長了，收入卻沒有增加。

這就是囚徒困境在現實中的樣子——內卷。

你可能覺得內卷是企業老闆才需要關心的問題，跟基層工作者無關。接下來，我們就假設自己是原本某家超市的員工，看看會發生什麼事情。

原來大家都是十二點上班、六點下班。但由於連鎖超市開張，早上九點開門，晚上九點才打烊，導致你所在的超市也被迫跟進。但是，你這間店的店員只有三個人，誰也不肯多工作，老闆會怎麼做？

這時，老闆推出一個獎勵制度：每天工時最長的店員，可以額外獲得兩百元獎金。剛開始你們可能還會猶豫，不知道老闆是不是認真的，於是大家都按照原來的作息上下班。直到某天有個店員下班時，因為下大雨晚了半個小時才離開，就獲得了兩百元。

這時，大家心中多半會想：明天下班時，我如果晚走四十五分鐘，是不是也能獲得這兩百元獎金？

事情就這樣產生變化。起初，總有人比前一天更晚下班，他們獲得了獎金，但又會被別的員工以更晚的下班時間超越，最終大家都變成了早上九點上班、晚上九點下班、每週工作六天。但是，由於大家的上下班時間都達到了極限，沒有任何一個人能再創造出更長的加班時間，獎金也就沒了。

這或許就是九九六工作制的由來。

## 2 傻不可怕，可怕的是當最後一個傻子

要解決九九六工作制的問題，需要員工們齊心合力，一起糾正這個內卷的壞風氣。但這有個前提：大家一定要同心協力、合作無間。因為只要有一個人背叛，仍會繼續掉入「囚徒困境」的陷阱。問題在於你怎麼知道對方願意跟你合作？即使你是真心願意合作，又怎麼讓對方相信呢？

重點就在資訊的傳遞。

現實生活中你可能也曾發現，真實資訊的傳遞非常困難，資訊不對稱才是常態。比方說在婚戀市場上，你不可能迅速了解所有異性的所有資訊，並一次性的做出判斷和抉擇。你只能在過程中不斷發現新資訊、發現對方的價值。但這過程需要投入，包括金錢、時間、精力等，萬一失敗可沒辦法拿回來。

在資訊不對稱的情況下，博弈的成本可能是無法想像的。我在香港中文大學讀會計學碩士期間，教我們博弈學的夏大慰教授，就曾在教室裡重現這個案例。他拿一張面額

人民幣二十元的紙鈔拍賣，最高被叫到了人民幣一百元。

這個現象被稱作逆向選擇（Adverse Selection），指的是資訊不對稱所造成市場資源配置扭曲的現象。由美國著名經濟學家喬治・艾克羅夫（George Akerlof）在他的論文《檸檬市場：品質不確定性和市場機制》（*The Market for Lemons: Quality Uncertainty and the Market Mechanism*）中提出。他也因此與其他兩位經濟學家一起奠定了不對稱資訊理論的基礎，並獲得了二〇〇一年的諾貝爾經濟學獎。

## 檸檬市場，最終是劣幣驅逐良幣

「檸檬」在美國俚語中，是指購買後才被發現品質有問題的車子，所以檸檬市場代表的是次級品市場，也稱艾克羅夫模型。

**檸檬市場之所以存在，是由於交易一方並不知道商品的真正價值，只能透過市場上平均價格判斷平均品質，由於難以分清商品好壞，因此也只願意付出平均價格。**

但是，商品有好有壞，以平均價格來說，提供好商品的人自然就要吃虧，而提供壞商品的人便會得益。於是，好商品便會逐步退出市場，平均品質又因此下降，平均價格也會隨之下降，真實價值處於平均價格以上的商品逐漸退出市場，最後市場上就只剩下壞商品。

在這個情況下，消費者便會認為市場上的商品都是壞的，就算看到一件價格較高的好商品，也會持懷疑態度，為了避免被騙，最後消費者還是選擇了壞商品。這就是檸檬市場的表現。

《檸檬市場：品質不確定性和市場機制》中，闡述了最為經典的二手車市場案例：假設在二手車市場中，你大概只知道市場上的好車和壞車各占一半，你願意為好車支付四千元，為壞車支付兩千元。

但如果你無法判斷一輛車的好壞，怎麼辦？那就按照期望支付，你將支付三千元（2000×0.5+4000×0.5=3000）。

在這種情況下，如果好車車主的心理預期是兩千五百元，則此時只能賺到五百元，而非按照好車應有價格賺到一千五百元（4000-2500=1500）；而壞車車主的心理預期為一千五百元，則他可以賺到一千五百元，而非應得的五百元（2000-1500=500）。

在這種情況下，由於資訊的不對稱，好車車主在市場上，是以補貼壞車車主的形式存在。

如果這時壞車的比例上升、好車的比例下降，這個市場的消費者期望就會降低，當這個期望跌破兩千五百元時，好車車主將由於心理預期無法被滿足而退出市場，這就形成了「**劣幣驅逐良幣**」的現象。

資訊不對稱帶來的劣幣驅逐良幣現象，已被廣泛引申到生活中的各個領域，人們常常用這一法則泛指價值不高的東西，會把價值較高的東西擠出流通領域，徹底顛覆優勝劣汰的淘汰定律，取而代之的是「劣勝優汰」。

## 博傻遊戲，牛頓也栽在這裡

資訊不對稱會造成逆向選擇和道德風險，在交易行為中，就產生了「**博傻理論**」（Greater fool theory）：**人們之所以完全不管某個東西的真實價值，而願意花高價購買，是因為他們預期將有一個更傻的傻瓜，會以更高的價格把它買走。**博傻理論告訴人們的最重要的一個道理是：在這個世界上，**傻不可怕，可怕的是做最後一個傻子**。

從理論上講，博傻理論也有其合理的一面。博傻策略是高價之上還有高價，低價之下還有低價，其遊戲規則就像接力棒，只要不是接最後一棒都有利可圖，做多者有利潤可賺，做空者減少損失，只有接到最後一棒者倒楣。

不斷走高的藝術品拍賣市場，就是博傻理論的集中地。藝術品的價值不確定，交易各方的資訊不透明，因此就會產生一種虛幻的期待：總有人會花更高的價格，從你手中買走它。

所以，越來越多並不懂藝術品的人參與拍賣，他們根本不管某件藝術品的真實價值，即使它一文不值，也願意花高價買下，是因為他預期會有更大的傻瓜，花更高的價格從他手中買走它。

這種現象不僅存在於藝術品市場，生活中也層出不窮。尤其是與實際商品關聯不大、人們不清楚其關係時，最容易出現瘋狂購買現象。當沒有買家願意出更高的價格時，就會出現恐慌性拋售。價格也會跟著暴跌。這種現象就被稱作是投機泡沫。

博傻行為可以分成兩種，一類是感性博傻，一類是理性博傻。前者在行動時並不知道自己已進入一場博傻遊戲，也不清楚遊戲的規則和必然結局。而後者則是清楚知道博傻及相關規則，即使明知道是一隻垃圾股，不管淨利潤如何、本益比如何，依然有人孤注一擲的投入資金，冒著高風險買進。這些人憑藉的就是博傻理論，他們相信一定有比自己更笨的人，會以更高的價格買走它。

理性博傻能夠獲利的前提是，有更多的傻子來接棒，這就是對大眾心理的判斷。當投資大眾普遍感覺當前價位已經偏高，需要撤離觀望時，市場的真正高點也就來了。

不過，並不是所有人都能準確判斷行情，即使股市老手也有馬失前蹄之時，沒有永遠的笨蛋，但永遠有一個最傻的傻瓜，只是我們永遠不知道這個最傻的傻瓜，是自己還是別人。

股票市場有這樣一句話：「要博傻，不要最傻。」說起來簡單，做起來卻不容易。

一七一三年，英國物理學家艾薩克．牛頓（Isaac Newton）買入南海公司（South Sea Company）的股票，一七二〇年年初南海公司的股價上漲，牛頓止盈出局，清倉了自己的股票，賺到了七千英鎊。

讓牛頓意外的是，在他清倉之後，南海股票仍繼續暴漲，很快又漲了一倍多，已經遠遠超出其真實的價值。

照理說，在這種情況下應該避免追高。然而，牛頓沒能抵抗這種誘惑，他又重新買回南海公司的股票，而且是在接近最高點的價位買入，成為博傻遊戲中那個最傻的人。

最後的結果是牛頓不僅把之前賺到的錢全賠掉，最終虧損甚至達到兩萬英鎊（按：

相當於當時勞工工作六百年的薪水）。他因此留下了一句名言：「**我可以算出天體運行的軌跡，卻無法計算人類的瘋狂。**」

可見，到底有沒有更傻的傻瓜，並沒有那麼容易判斷。一不小心，博傻的人就會成為最傻的傻瓜。

## 3 重複博弈：好人有好報，但老好人沒好報

**囚徒困境的結果是，每個人都會選擇背叛對方，最終的最佳解是不合作。**

這麼來看，博弈論是不是在告訴我們，人生中要做壞人，把自己的利益放在第一優先呢？

囚徒困境是單次博弈，如果雙方僅進行一次博弈，這個過程會極其慘烈，甚至會違背道德、無所不用其極，只求自身利益最大化，這就是單次博弈的特質。

但人生不是只有一次，我們會重複遇見不同的人、會重複做同一件事。在一次次的重複過程中，單次博弈變成了重複博弈，最佳策略就完全不同了。

一九八〇年代，美國密西根大學（University of Michigan）政治博弈專家羅伯特·阿克塞爾羅（Robert Axelrod）做了一個重複博弈競賽。博弈內容就是我們先前談的囚徒困境，而增加的條件是：如果將他們抓了又放、放了再抓，如此重複無限次（且囚徒知道重複無限次），結果會如何？

## 以牙還牙：你怎麼做，我就怎麼做

各個參賽者提交不同策略演算法。出乎意料的是，最後勝出的是一個非常簡單的策略「Tit for Tat」，一般翻譯成「以牙還牙」。

這個策略的做法是：**不管跟誰，第一輪都選擇合作，之後複製對手上一輪做法**。如果上一輪跟我合作，我下一輪也跟你合作。上一輪你背叛，我下一輪也背叛。如果某一輪你改為合作，我也跟著改為合作。如果你某一輪又背叛，我也改為背叛。

這種策略實質上就是別人怎麼對我，我就怎麼對他，也就是俗話說的「人不犯我，我不犯人；人若犯我，我必犯人」。

以牙還牙，簡單、粗暴、有效。以牙還牙策略不會首先背叛，因此可以建立起穩定的合作；報復其他個體的背叛，因此不會被背叛策略無限制剝削；會原諒其他個體，只要其他個體恢復合作，則可以重新建立合作關係；不會嘗試獲得比其他個體更高的收益，這種非競爭性特徵更可以和其他策略建立合作關係。

但是，以牙還牙其實是個脆弱的策略，這個策略對錯誤很不友善。電腦模擬總是精確的，但真人博弈就可能會操作失誤。真實世界中，以牙還牙並不是最好的策略，因為它不夠寬容。

因此，博弈論專家提出一個改進版的以牙還牙：對方背叛我一次，我繼續合作；只有當對方連續背叛我兩次時，我再報復。研究表明，在有可能出錯的博弈中，這個方法的效果會比以牙還牙更好。

在此基礎上，四位經濟學家共同提出了一個應用於不完全資訊的博弈模型，由於他們的姓氏分別是Kreps、Milgrom、Roberts和Wilson，所以這個模型被稱作「KMRW定理」。

KMRW定理的核心思想是在多次博弈中，即使參與者不確定對方的類型，也傾向於選擇合作策略，以便在未來能夠獲得更大的利益。這種合作行為有助於參與者建立良好聲譽，在未來的博弈中獲得更多的合作機會。

KMRW定理認為，在不完全資訊博弈之中，參與者不知道對方是好人還是理性人，但只要博弈重複的次數夠多，合作能帶來足夠的好處，雙方都會願意維護自己是好人的聲譽，前期盡可能保持合作，到最後才選擇背叛。

中國經濟學家張維迎在其著作《博弈與社會》中提到，KMRW定理可以解釋為「大智若愚」。智，就是人要自私，一切行動都是為了自己的利益；愚，就是寧可吃虧也不背叛別人。每一輪都選擇背叛，看似自私，其實那是「小智」。而如果寧可吃點虧也要選擇合作，你就會建立起良好的聲譽，接著就有更多人跟你合作，從長期來看，這才是「大智」。

中國有句俗語**「退一步海闊天空」**，不過請注意，這句話的關鍵字是「一步」。**退一步是寬容，退兩步就是縱容了，退到第三步時，你就陷入了永遠被背叛的不復之地。**

也就是說，做好人有好報，做老好人沒有好報。為什麼？

因為重複博弈能實現合作共贏的前提是以牙還牙，如果對方一次、兩次、三次的背叛沒有得到相應的懲罰，持續背叛就會成為他們的最佳解。

如果我們想要讓自己利益最大化，就必須實施**有效的以牙還牙策略：第一，你要能發現背叛的行為；第二，懲罰必須有權威、有說服力，讓對方知道如果他背叛，就一定會受到懲罰；第三，懲罰的力道要夠大。**

## 合作的進化，最後有越來越多好人

如果你覺得這只是科學家們自己的推斷，不一定符合實際情形，博弈專家羅伯特．

阿克塞爾羅還設計了一系列電腦模擬遊戲，讓各種策略充分競爭，看看最終什麼策略能夠勝出。而根據這一系列遊戲寫成的《合作的進化》（*The Evolution of Cooperation*，中文書名暫譯），便成為研究博弈合作問題的最重要著作之一。

為了方便計算，阿克塞爾羅在遊戲中把這個模型簡化：如果兩個人相互合作，各得三分；如果兩個人相互背叛，各得一分；如果一方合作、一方背叛，合作者得零分，背叛者得五分。

你可以從這裡看出，暗算別人的好處最大，但如果兩個人都要暗算對方，雙方都將無利可圖。遊戲中，每個人都根據自己的利益，選擇合作還是背叛。

阿克塞爾羅將這些策略放入電腦中，進行一對一的循環賽。第一輪比賽有十五個策略參加，重複五次迴圈，一共十二萬回合。第二輪比賽改進了對策，共有六十三個策略，進行數百萬回合的混戰。

令人驚奇的是，**每次的結果都是好人策略占優勢，且得分最多的都是最簡單的策略，也就是先前提到的以牙還牙**：一開始就選擇合作，只要對方合作，下一次還是合作；假如對方背叛，他也背叛，但是不記仇，如果對方在下一次博弈中選擇合作，他就選擇合作。

由於好人總會勝出，就會有更多的人選擇合作。慢慢的，傾向於合作的人就會越來越多，也就是好人會越來越多，這就是「合作的進化」。

《合作的進化》指出，**好人勝出也是有條件的：第一是未來對現在有夠大的影響力，第二是必須多次博弈。**

這兩個條件可以解釋很多事情。

例如，為何我們在旅遊景點總會吃到特別難吃的食物？因為在旅遊景點的餐飲業中，存在著單次博弈——遊客通常只來一次，因此選擇背叛會獲得最大收益。

既然如此，我們該如何增加未來的影響力？

在商業談判時，甲方都會說，這個專案你們多給點折扣，我們後面還有很多案子可以談。這就是向乙方傳遞一個清晰的訊號，公司的未來跟你有緊密聯繫，就能增加未來在雙方合作中的影響力。

再舉個例子，假設你是個商人，和一位寶石供應商做生意。對方說有一批寶石，具升值潛力，他願意一百萬元賣給你。你想購買，有兩個可選方案：第一，一次性付一百萬元買下；第二，拆成五次交易，每次交易價值二十萬元的寶石。

從風險控制的角度來看，第二個購買方案更好。因為這之中存在著寶石供應商詐欺的風險，一次買下，對方如果以次級品權充、捲款潛逃，你就會產生較大損失；第二個購買方案由於拆分成五次交易，如果某次交易產生損失，也只會造成二〇％損失。而且，由於每次交易金額只有二〇％，對方更可能認為金額小，不值得詐欺。

**許多商業合約要求分階段支付，每一階段驗收後再進行下一階段支付，其實都是合作的進化。**

## 4 合作要利己又利他，才能長久

前述的囚徒困境，只要實現重複博弈就可以打破困境，讓大家團結起來，暫時放棄個人利益的最大化，透過合作共贏，爭取團隊的最大利益。

但是，如果是在單次博弈的情況下，該怎麼樣才能讓大家心甘情願放下個人利益，最終實現共贏？

關於這個問題，我們可以看另外一個博弈故事：獵鹿博弈，又稱獵鹿模型（Stag Hunt Model），源自法國啟蒙時代哲學家盧梭（Jean-Jacques Rousseau）的著作《論人類不平等的起源和基礎》（*Discours sur l'origine et les fondements de l'inégalité parmi les hommes*）。

某村莊有兩名獵人，而當地的獵物主要有兩種：鹿和兔子。如果獵人單獨作戰，一天最多捕到四隻兔子，兩位獵人一起去才能獵獲一隻鹿。從填飽肚子的角度來說，四隻兔子能保證一個人四天不挨餓，而一隻鹿卻能讓兩個人都吃飽十天（見下頁圖表 8-2）。

根據納許均衡的定義，獵鹿博弈中有兩個納許均衡點：第一，兩人分別抓兔子，各自吃飽四天；第二，兩人合作獵鹿，一起吃飽十天。

兩個納許均衡，就是兩個可能的結局。到底哪一個最可能發生呢？

很明顯的，比起各自抓兔子，合作獵鹿可以讓兩人都多吃六天。按經濟學的說法，合作獵鹿的納許均衡會比分頭抓兔子的納許均衡更好，不僅整體福利改善，且每個人都得到了好處。

換一種更嚴謹的說法：合作獵鹿與單獨抓兔子相比，兩位獵人的**其中一方收益增大，但另外一方的境況不受損害。這種情況就稱作柏拉圖最適**（Pareto optimality）。

## 圖表 8-2　獵鹿博弈示意圖

| 獵人甲＼獵人乙 | 打鹿（合作） | 抓兔（單獨） |
| --- | --- | --- |
| 抓兔（單獨） | 獵人甲吃飽 4 天<br>獵人乙挨餓 | 納許均衡<br>獵人甲吃飽 4 天<br>獵人乙吃飽 4 天 |
| 打鹿（合作） | 柏拉圖最適<br>獵人甲吃飽 10 天<br>獵人乙吃飽 10 天 | 獵人甲挨餓<br>獵人乙吃飽 4 天 |

## 柏拉圖最適：利他與利己缺一不可

在經濟學中，柏拉圖最適的準則是：**經濟的效率，體現於改善人們處境的社會資源是否被充分利用。當此種資源已被充分利用，想再改善任何人都會損害到別人時，表示該經濟體已實現了柏拉圖最適**。相反的，如果還可以在不損害別人的情況下改善任何人的處境，代表該經濟資源尚未被充分利用，就不能說已達到柏拉圖最適。

囚徒困境與獵鹿博弈都是雙人博弈，為什麼一個會選擇不合作、另一個選擇合作？差別就在於，**囚徒無法溝通資訊，但獵人可以溝通，博弈結果就會有所不同**。

透過交流資訊達成合作意向，合作所產生的力量往往不是單純的力量之和，而是能發揮更大的效應，在不損害別人利益的情況下讓自己利益最大化，既實現利他又實現利己，也就是「一加一往往大於二」。

因此，在可能合作的情況下，我們就盡量不選擇單獨行動。

此外，獵鹿博弈對於兩個人合作的要求，並不只是簡單的合併，而是要求兩名獵人的能力和貢獻盡可能相等。但我們也必須了解，現實中許多合作並不是建立在平等的基礎之上，往往有著一定程度的差距。

試想，如果其中一個獵人能力強、貢獻大，或者有一定特權，他在分配成果時，自然會要求得到較多的一份，這可能會讓另一個獵人覺得利益受損而不願意合作，從而導致整體效率下降。

進一步推論，如果不是兩人狩獵，而是多人狩獵博弈，當結果分配不均，就會形成弱勢群體與利益集團兩個明顯的陣營。所以可以說，維繫獵鹿博弈的不僅是「雙贏」，更確切的說應該是「平等雙贏」。**合作雙方要學會與對手共贏，找到分配的臨界點，既要利他又要利己，使雙方都能達到理想的效益，合作才能長久。**

利他和利己缺一不可，這才是柏拉圖最適。

## 做善事有回報，才會讓更多人跟著行善

絕大多數人認為，做好事屬於道德問題，不應該要求回報。但是，經濟學家並不這樣認為。

**做好事是促進人群福利的行為（經濟學稱之為「有效率」的行為），這種行為必須受到鼓勵。**而且，只有鼓勵做好事的人，才能促進社會福利提升。從人的本性來看，最

好的鼓勵方式就是給予報酬。

可能有些人難以接受，甚至完全反對這種觀點。其實早在兩千年前，孔子就提過這個問題：

魯國之法，魯人為人臣妾於諸侯，有能贖之者，取其金於府。子貢贖魯人於諸侯，來而讓，不取其金。孔子曰：「賜失之矣。自今以往，魯人不贖人矣。取其金則無損於行，不取其金則不復贖人矣。」子路拯溺者，其人拜之以牛，子路受之。孔子曰：「魯人必拯溺者矣。」（出自《呂氏春秋．察微》）

翻譯成現代語言，就是春秋時期魯國有一條法律規定，如果魯國人到其他國家發現自己的同胞淪為奴隸，他可以花錢把人贖回來，歸國後到國庫報銷這筆贖人所花的錢。

孔子的徒弟子貢因為機緣巧合，贖回一位魯國人，但他經常聽老師講仁義，認為如果去國庫領錢違背了老師的教誨，所以他沒有報銷這筆費用。

孔子聽聞此事後，面有慍色的對子貢說：「子貢，你為什麼不去呢？我知道你追求仁義，也不缺這點錢，但你知道你的做法會帶來什麼樣的後果嗎？別人知道你自己掏錢救人後，都會讚揚你品德高尚，但今後有人在別的國家看見自己的同胞淪落為奴隸，他可能會想，我該出這筆錢嗎？回國後又該不該向國庫申請這筆錢？如果不報銷，自己的錢就像丟進水裡有去無回；但如果申請報銷了，又會讓人譏笑我品德不夠高尚。這些問題會讓本來打算解救自己同胞的人就此束手不管。如此一來，那些在他國淪落為奴隸、需要被解救的人，豈不是因為你的高尚品德而遭殃了？」

而孔子的另一個徒弟子路，救了一個落水的人，那人非常感謝子路，並把牛作為救命酬勞送給子路，子路接受了這頭牛。孔子知道後十分高興的說道：「魯國的人肯定會多多救助落水的人！」

從這件事情可以看出，孔子雖然講仁義，但並未拘泥於仁義，而是從社會的角度考慮做事的方法和原則。

他認為，**如果德行善舉得不到報償，大多數人就不會行善**，只有少數有錢的人才會把行善當成一種做與不做皆可的事，因此行善就不會成為社會風氣。**善舉得到回報，會激勵更多人做好事，將會使更多人得到他人幫助**。如果一個國家的人民都這麼做，這個國家的環境將有明顯的改善。

從博弈論的角度來說，做好事得到回報才是柏拉圖最適，對行善者和社會大眾來說才是最佳選擇，社會福利才能得到最大的改善。

這正是經濟學家們堅持做好事要有回報的原因。

# 第 9 章

# 怎麼選擇，<br>也是一種能力

還記得人生十字路口你做過的選擇嗎？例如：大學填志願時，你選了什麼科系？大學畢業後留在大都市打拚，還是回老家？遇到職場瓶頸時，是原地踏步，還是創業轉換人生跑道？

一輩子不長，關鍵就這麼幾步。升學考試、就業、買房、結婚……這些重要關鍵的每個選擇，都會為你的人生帶來很大的改變。

中國名主持人楊瀾曾說：**決定你是什麼的不是你擁有的能力，而是你的選擇**。選擇確實是大於努力，我見過太多曾經比我厲害的人，後來選錯了方向，人生便過得顛簸；但也有許多年輕人，趕上某個時代潮流就從此起飛了。

所以，怎麼選擇也是一種能力。努力讓自己有更多選擇機會，有更開闊的視野能做出正確選擇。雖不能贏在起點，卻可以逆風翻盤，贏在選擇上。

那麼，你學會選擇了嗎？

人生中最重要的是什麼？金錢、愛情、自由？

每個人可能都有不同的答案，但在我看來，或者說在經濟學家眼中，最重要的是如何做選擇。比方說在金錢、愛情和自由面前，我們時時都在選擇。

你懂得做選擇嗎？

其實大多數時候，我們根本都不知道什麼是選擇，即使是面臨選擇時，我們也常常不知道自己到底擁有哪些選項，而每個選項背後又代表了什麼。

比方說你有一萬元的預算，看中了兩個包包，一款是兩千元，另一款是三千元，應該選擇哪一款？

其實哪一款都可以，或者說兩個都買也沒問題，你的預算足夠，也就不存在選擇問題。

再舉一個例子：你想要買一支新手機，一個方式是打工賺錢買，另一個方式是到路上搶。應該怎麼選擇？

一個是正確的方式，一個是錯誤的方式，結果涇渭分明，答案不言而喻。這也不存在選擇問題。

第三個例子：某企業的第二代，大學畢業後父母給他兩個選擇，一是回家接班，二是給他一筆創業資金，但這兩者都不是他想要的，他只想宅在家裡，他又該怎麼選？

他完全可以什麼都不選，因為父母也沒逼他一定非得選擇一條路不可。當選擇不是必須之時，也就不存在選擇問題。

所以說，到底什麼叫選擇？

選擇就是當我們面臨人生中的岔路，不得不擇一前行。但是，任何一條路走下去，都不可能是完美的人生道路，都必然面臨各種各樣的挑戰和困難。而我們要在理解這件事的基礎上，找到自己內心最想要的選項，並下定決心承擔這一選擇的代價，追求這一選擇能獲得的成果，這，才叫選擇。

# 1 不是非此即彼，而是多一點或少一點

二〇二四年春節三亞天價機票行情剛過沒多久，「上海飛大阪機票只要人民幣八元」、「零元機票再現」等消息衝上中國網路熱門搜尋關鍵字。很多網友在社群平臺上貼出訂單，訂票平臺上有不少低至人民幣一、兩百元，甚至僅個位數的特價機票，有旅客甚至搶到了零元機票。

在假期結束或旅遊淡季時，由於旅遊需求減少，機票價格也會下降，甚至出現供大於求的情況。這時，為了提高載客率和市場占有率，航空公司往往會推出促銷活動，不過在一個航班上，這樣的特價票並不會釋出太多。舉例而言，中國知名的廉價航空公司春秋航空會販售這樣少量的超低價機票，主要目的是吸引那些非必需的旅客，盡可能提高載客率。

假設一架飛機有兩百個座位，它所耗費的成本包括油費、人事費、飛機折舊費等共十萬元，平均一個座位的成本售價不低於五百元。如果你以三百元購得這張機票，潛意

識裡可能會認為航空公司賠本了。

實際上，航空公司不僅不虧，而且可能還會賺錢。以中國二〇二三年各家航空公司的財報為例，中國東方航空虧損人民幣八十一．六八億元，中國南方航空虧損約人民幣四十二億元，中國國際航空虧損人民幣十．四六億元。而春秋航空則盈利約人民幣二十二．六億元。

如果飛機起飛前還有十個座位未售出，這時候航空公司是很樂意以低於成本的價格出售機票的。因為在一百九十個座位坐滿後，剩下的十個座位，便不能再用最初的成本衡量。這十個座位的成本，經濟學家以邊際成本（按：marginal cost，每增產一單位的產品或多購買一單位的產品所增加的成本）衡量。

這時座位的邊際成本是多少？幾乎等於零。

邊際收益（按：marginal revenue，再多銷售一單位的財貨將得到的投資報酬率）呢？售出的票價幾乎就是航空公司的收益。

你會發現，邊際收益是遠遠大於邊際成本的。這筆買賣極其划算。

## 企業年年虧損還是繼續經營，為什麼？

若你懂一點經濟學皮毛，肯定聽過「邊際效果」（marginal utility）。所謂「邊際」，指的是對現有行動進行微小調整，這些微小調整所帶來的成本和收益，則分別被稱為邊際成本和邊際收益。經濟學所要關注的問題，通常不是極端的非此即彼，而是「多一點」還是「少一點」的比較，也就是權衡邊際成本和邊際收益。

舉例來說，我們需要考慮如何在購置食品和購置衣物上分配收入。一般來說，我們不會只買衣服不吃飯，也不會只吃飯不買衣服，而會考慮是多買些食物、少買些衣服，還是多買些衣服、少買些食品，這樣的選擇就是邊際選擇。

舉個例子來說，當你極度口渴時十分需要喝水，你喝下的第一杯水是最解燃眉之急、最暢快的，但隨著口渴程度降低，你對下一杯水的渴望值也不斷減少。當你喝到完全不渴的時候即是邊際，如果再喝下一杯會感到不適，再繼續喝更越來越不適。

我們常用到的一些詞彙，如第一輛車、第一個房子、第一次旅行等，幾乎所有的「第一次」都會令我們記憶深刻。但在商業上，理性的決策看的是邊際。

假設你開了一家飲料店，在開店之初你做了財務計算：初始投入加盟金和店鋪裝修款二十萬元，預計可以開兩年。開店之後，預計每年可以賣出一萬杯飲料，以每杯賺五元計算，年利潤是五十萬元，扣掉房租和人事成本之後，還可以剩下三十萬元。

這樣來看，兩年賺到六十萬元，扣掉一開始投入的二十萬元，你還有四十萬元的利潤——這筆生意值得做。

於是，你立刻付了二十萬元的加盟金和裝修款。三個月後，店鋪開張。這時候你才發現，每年賣一萬杯的目標有點誇張了。按照每天的實際銷售數量來看，你一年最多只能賣出去五千杯，意味著扣掉房租和人事費用之後，年利潤只有五萬元。

這樣來看，兩年只能賺十萬元，扣掉一開始投入的二十萬元，你還虧了十萬元。

這時候，你覺得要及時停損嗎？

站在整體的成本分析來看，無疑是虧損的，應該及時停損。但是，如果站在當前的時間點來看，從邊際成本的角度計算，每年可以賺五萬元，應該繼續經營。

為什麼邊際選擇會出現截然不同的結果？

實際上，我們計算總收益時，只看到了收益為負，還忽略了一個重點：之前發生的二十萬元加盟金和裝修款已經是沉沒成本，不管你是否繼續經營，都無法收回。

也就是說，繼續開下去，這間飲料店起碼可以將虧損二十萬元降低至十萬元，正所謂減少虧損也是賺，因此哪怕明知總體是虧損的，也只能選擇繼續開下去。

這其實解釋了很多企業為什麼明明每年都虧損，卻一直經營。因為企業初期投入了巨額資金，建設廠房、買設備等，一旦停止經營，這些投入都變成了泡沫。

**繼續經營，雖然從平均成本看起來是虧損，但虧損的一部分原因是這些固定資產要折舊計算為成本**。然而，這些成本並不是新增的開支，實際上新增的開支只不過是原料和人事而已，這就是邊際成本。只要最終售價超過這些邊際成本，就有邊際效益，就值得繼續營運。

## 錦上添花，不如雪中送炭

生活中，也有許多決策是在邊際上做出判斷。例如，馬雲為什麼對錢沒有興趣？

馬雲曾說過「我對錢沒有興趣」、「我從沒有碰過錢」。有人認為馬雲在炫耀他很有錢，但是，馬雲需要這麼做才能獲得自我滿足嗎？炫富是暴發戶的行為，而馬雲顯然不是，也不需要。

唯一的解釋是，錢對於馬雲來說已經太多了，並不是求之不得或難以求得的東西，錢能帶給馬雲的幸福感已經微乎其微。他確實對錢沒有興趣。

再舉個生活上的例子。某年情人節，丈夫工作很忙，一直沒時間買禮物。某天他回家路上，看到一對漂亮耳環，便隨手買回來送給妻子。妻子恰巧非常喜歡這款耳環的設計，她非常高興。

第二年情人節，丈夫一樣沒有時間挑選禮物，想到妻子很喜歡的那款耳環，都戴了一年也舊了。於是他又去那家店，買下同一款耳環。妻子收到後，雖然沒有那麼驚喜，但也覺得丈夫很有心，就把舊的耳環換下來。

等到第三年，丈夫又買了這款耳環回來。你猜，這次會發生什麼事？

丈夫和耳環都被趕出了門外。

如此看來，對同一個人送同樣的禮物，其邊際效應是遞減的。

那麼，針對不同的人送禮物時，我們該如何利用邊際選擇的理論？《論語．雍也》中，有這麼一段故事：

子華使於齊，冉子為其母請粟。子曰：「與之釜。」請益。曰：「與之庾。」冉子與之粟五秉。子曰：「赤之適齊也，乘肥馬，衣輕裘。吾聞之也：君子周急不繼富。」

子華（公西華，名赤）奉命出使齊國，冉求（冉子）替子華的母親向孔子請求補助一些米粟。孔子說：「給他一釜吧。」冉求請求再增加一些。孔子說：「再加一庾（約三分之一釜）吧。」冉求卻自作主張給了五秉（一秉相當於十釜）。孔子說：「公西赤出使齊國，乘坐肥馬駕的車子，穿著又暖又輕便的皮裘。我聽說，君子只周濟有急需救濟的人，而不是周濟富人。」

從孔子對子華母親的態度來看，或許會覺得他似乎有點吝嗇。但是，《論語》還記載了另一個故事：

原思為之宰，與之粟九百，辭。子曰：「毋！以與爾鄰里鄉黨乎！」

意思是，原思在擔任孔子家宰（按：古代卿大夫家中的管家、家臣之首），孔子給他粟米九百的俸祿，原思推辭不要。孔子說：「不要推辭。如有多的，就拿去周濟你的鄰居和鄉親們吧。」

從這兩件事，我們可以看出孔子在資金這件事上，也是採用了邊際選擇的思路。公西華出使齊國會得到很好的待遇，完全有能力負擔母親的生活；而原思的鄉親家境貧寒，因此孔子要原思收下糧食，周濟窮人。

正如我們平常所說「錦上添花不如雪中送炭」，這也是邊際效應。學會了邊際選擇，你知道該怎麼應用到生活中了嗎？

假設你明天有一場重要的面試，晚上正打算好好準備。這時，你最好的朋友打電話過來，說晚上想去酒吧喝一杯，邀請你一起。你會怎麼選擇？

如果你跟朋友說，我要準備面試，實在沒辦法去。很傷心的朋友問你：「我和面試相比，哪個更重要？你就為了一次面試，放棄一輩子的好朋友嗎？」

學完邊際選擇的你，就可以回答：「在這個邊際時間，我選擇面試。而在人生的旅途中，我選擇你。」

## 2 路徑依賴：結果在開始那一刻就已注定

很多年都找同一位理髮師，為什麼不會想要換個新的？明明感情已經破裂了，為什麼還不離婚？要解開以上這些疑問，得先回答另外一個問題：為什麼現在的車行道，都叫馬路呢？

你應該很快就能想到，因為以前沒有汽車，都是馬車，所以這個名字才延續下來。

這當然很容易理解。不過，如果我告訴你，美國太空梭的火箭推進器寬度，是由古羅馬兩匹馬的屁股所決定，你還會相信嗎？

人類歷史留給我們的答案就是如此。

美國太空梭燃料箱的兩旁有兩個火箭推進器，這些推進器造好之後，要用火車運送到發射地點。路上會經過隧道，而隧道的寬度比火車寬一點，所以推進器的寬度是由火車軌道寬度所決定。現代鐵路兩條鐵軌的標準距離是四英尺又八點五英寸（按：約一百四十三．五公分）。

為什麼是這個尺寸？因為早期的鐵路是由建設電車的人設計，而電車的輪距就是四英尺又八點五英寸。

最初造電車的人又從哪裡來？以前他們負責建造馬車，馬車的輪距標準是四英尺又八點五英寸。英國馬路轍跡（按：車輪輾過留下的痕跡）就是四英尺又八點五英寸，如果馬車的輪距不是這個尺寸，就會很快壞掉、被淘汰。

這些轍跡是從哪裡來的？整個歐洲，包括英國的舊路都是羅馬人鋪設，路上的轍跡就是古羅馬戰車留下的。古羅馬戰車的輪距就是四英尺又八點五英寸，任何其他輪距的車在這些路上行駛，很快就會壞掉。

那古羅馬的輪距為何是四英尺又八點五英寸？因為戰車是由馬拉的，兩匹馬不能太近，也不能太遠，所以兩匹馬的屁股寬度就決定了戰車輪距的寬度。

這就是制度經濟學中的「路徑依賴」。

上述故事看起來像是文字遊戲，幽默而滑稽，卻真實闡述了路徑依賴理論的來源。

**路徑依賴**最初是由經濟學家道格拉斯・諾斯（Douglass North）提出，用以描述**技術變遷中的自我強化和慣性現象**，他最終因此獲得諾貝爾經濟學獎。

## 依習慣行動，總有一天坐吃山空

這個概念也可以廣泛應用於生活的各個領域，包括我們的日常決策、習慣養成、職業發展等。例如讀書，我們從小就習慣讀紙本書，但電子書出現之後，即使我也買過亞馬遜（Amazon）的電子閱讀器 Kindle，也下載了相關的閱讀程式，但還是很少用，更習慣抱著一本紙本書翻來翻去。

直到我先前出版的《長得好看能當飯吃嗎？》在各大電子書平臺上線之後，我才發現，原來電子書比紙本書效率更高，不僅可以做筆記、看別人的畫線，還可以在線上跟書友交流。雖然如此方便，現在的我依然喜歡買實體書，彷彿從虛幻的世界裡把書拿出來，捧在手裡，心裡才踏實。這其實也是一種路徑依賴。

電子書或紙本書，還是無傷大雅的個人喜好。但是，有些路徑依賴會對我們的人生帶來重大影響。

隨著人工智慧技術的發展，機器人將替代一些創新性不強的職業。例如司機、客服、快遞員、生產線工人等，這些工作本身不需要特殊技術，屬於可替代性很高的工作。一旦人工智慧新技術快速發展，企業出於節省人力成本的需要，必然會大量裁減這些職缺。

但從事這些職業的人，有多少已經開始尋找新的出路呢？

這就是路徑依賴。每個人都會形成一種固定的模式，這種模式在我們的心裡固定下來，變成我們依賴的生活模式。

**這種模式可以降低行動的成本，減少心理能量的損耗。就像物理學中的慣性，不用額外的力量，物體能借助慣性再滑行一段距離。**但是，別忘了生命中存在種種阻力會不斷削減慣性的力量，**一個始終在吃老本的人，終有一天會坐吃山空。**

科學家曾經做過一個實驗：

將五隻猴子放在一個籠子裡，並在籠子中央掛一串香蕉。當有猴子試圖伸手摘香蕉時，實驗人員就會拿高壓水槍噴所有的猴子，直到五隻猴子都不敢再動手摘香蕉。隨後，實驗人員在籠子放入一隻新猴子，替代原先籠子裡的某隻猴子。當然，新來的猴子不知道這裡的「規矩」，所以牠一定會去摘香蕉。

而這個時候，有趣的一幕發生了。

原先籠子裡的四隻猴子，會代替實驗人員教訓「新來的」。牠們會一起將牠揍一頓，直到新來的猴子不敢再觸犯這條規矩。

接下來，實驗人員用同樣的方法，一隻隻替換掉原先籠子裡的猴子，直到籠子中所有的猴子都沒有被高壓水槍噴過。籠子裡都是新猴子，但依舊沒有一隻猴子敢觸碰籠子中的香蕉。

生活中，我們就是這些猴子。比方說，一旦我們形成某種習慣，像是每天早上起床後先喝一杯水，或晚上睡前看十分鐘的書，這種習慣就會成為一種「路徑」，我們會不自覺沿著這個路徑走下去。要改變這種習慣，就需要付出額外的努力。

即使直覺告訴我們，這件事、這個行為、這個決定是不對的，但我們還是會不自覺的延續下去，很難改變。每個人就像脖子上套了一條鏈子，在自己的人生軌道上一圈又一圈，循環往復，想掙脫，卻總感覺有一股無形的力拉扯著……。

## 想克服路徑依賴，就得花更多力氣

有時候，我們可能會發現自己陷入了一種不健康的人際關係，像是與一個常讓我們感到不快樂的人在一起。這種關係就像一種路徑，我們可能會因為慣性而繼續走下去，即使我們知道這並不是我們真正想要的，但最初那個選擇已經做出，後續想要放棄，就必須付出更大的犧牲。

再舉例而言，我們可能會發現自己被困在某個特定的行業或職位，即使我們對其他領域更感興趣或更有天賦。因為我們一旦選擇了某個職業，就會在這個路徑上累積經驗和技能，這些經驗和技能又會使我們更傾向於繼續在同一條路徑上發展。

以我自己而言，我畢業後進入公務員體制十多年，幾乎從來沒有開心過，因為我一直在「溫水煮青蛙」的狀態中焦慮著，直到我終於鼓起勇氣離開。雖然後續經歷各種跌宕起伏、傷痕累累，但回顧當年，每一次自我反思「是不是後悔離開」的時候，我都堅決回答：後悔，後悔太晚離開了。

想擺脫路徑依賴對我們的限制，就要在面臨重大決策時，盡可能不要受到過去經驗和環境的影響，下定決心放棄那條看似安全或熟悉的路徑，嘗試一條新的、更具挑戰性的路徑。唯有當我們從一開始就堅決走上那條艱難而陌生的路，才能走出一條新的光明大道。

因此，克服路徑依賴現象，需要有極大的決心和毅力。這可能意味著要付出更多的努力和時間，但只有這樣，我們才能打破慣性、走出舒適圈，探索新的可能性。

這正是拉開人與人差距的重要決定。

隨著你讀完大學、開始工作，慢慢走上更高的位階，你會發現你與小學、國中，甚至大學同學之間的差距越來越大，當年玩在一起的同伴，如今已走上完全不同的道路。

請你靜下心來想想，這個差別是否從當初的不同選擇，就已經開始顯現？

從早上賴床與否、上學是否遲到開始，國高中時發覺自己的理想，後來考上不同的大學、到選擇不同的行業任職。選擇有大有小，但是每天、每月、每年所有的選擇累積起來，就影響了你人生的結果。

**所謂的命運，不過就是我們一開始做出的選擇，把自己帶往了不同的方向。**

## 3 我該提前還房貸嗎？用SWOT分析

在中國，近年來提前償還房貸成為熱門話題，不少買房者加入提前還房貸的行列。由於還貸申請過於集中，不少銀行甚至關閉了線上預約申請，只能現場辦理。根據各銀行披露的二〇二三年年報，截至二〇二三年年底，中國六大國有銀行（中國銀行、農業銀行、工商銀行、建設銀行、中國交通銀行及中國郵儲銀行）房貸餘額合計約人民幣二十六兆元，較前一年年底減少超過人民幣五千億元。

為什麼那麼多人提前還款？這是一個好的選擇嗎？

當我們面臨一個複雜問題，需要系統性分析才能做出選擇時，可以借鑑SWOT分析法。

SWOT分析法，即基於內外部競爭環境和競爭條件下的態勢分析，就是將與研究事物密切相關的各種主要內部優勢（Strengths）、劣勢（Weaknesses）和外部的機會（Opportunities）、威脅（Threats）列舉出來，並依照矩陣形式排列（見圖表9-1），以系統分析的方式將各種因素相互匹配，從中得出一系列相應的結論，而結論通常帶有一定的決策性。

運用這種方法，可以針對事物所處的情景做出全面、系統、準確的研究，從而根據結果制定出相應的發展戰略、計畫及對策等。

## 我手上有錢，該不該提前還房貸？

接著，我們就以「該不該提前還房貸？」做SWOT分析。

### ●內部優勢（S）

提前還款，前提是手上有餘錢。首先，購房者應評估自己的財務狀況，如果你有足夠的儲蓄和流動資金，可以提前還款而不影響生活品質，那麼

**圖表 9-1　SWOT 分析圖**

| SWOT 分析法 | | |
|---|---|---|
| | 正面因素 | 負面因素 |
| 內部 | 優勢（Strengths）<br>獨特能力、特殊資源等 | 劣勢（Weaknesses）<br>資源劣勢、經濟劣勢等 |
| 外部 | 機會（Opportunities）<br>優勢條件、對手的劣勢等 | 威脅（Threats）<br>劣勢條件、對手的不良影響等 |

「手有餘款」可能是一個內部優勢，這將幫助你減少總成本，並縮短還款週期。

其次，手上多餘的錢是不是能夠獲得更高收益？如果當前房貸利率較高，你手上有些錢缺乏合適的投資管道（銀行存款利率太低、股市虧損風險太大），閒置資金無法獲得較高收益，也無法在通貨膨脹的壓力下保值、增值，提前還房貸可以在一定程度上節省財務支出。

### ●內部劣勢（W）

由於提前還房貸，手上就沒有多餘的錢了。一旦遇到突發情況需要資金時，可能被迫以更高的成本貸款，這是我們評估提前還款的劣勢時，必須考慮的首要問題。如果你沒有為自己留足備用資金，這就算是提前還款的內部劣勢。

此外，你也可能失去了將來獲得更高投資回報的機會。我有些朋友在買房時，明明手裡有很多餘錢，卻還是選擇貸款。為什麼？貸款實際上是釋放了資金的流動性。

房貸由於風險小、回報穩定，因此對於銀行來說，是優質的貸款專案。相應來說，房貸的利率也比其他商業貸款的利率還要低。這種低貸款利率，可能只有房貸才能拿到。特別是對於信用較好的客戶，甚至還能在基準利率的基礎上下調整，這麼看來，房貸的利率條件就是非常優厚。

對許多人而言，借款成本較低的房貸可被視為一種廉價的資金來源，可以將這筆錢用於更高回報的投資。如果將來對資金的流動性有較大的需求，或有能力獲得回報比較高的投資標的，透過利率較優惠的房貸，可以把資金留在自己手裡。雖然付出了貸款利息，但是投資收益有望獲得更大回報，這就是值得的。

所以，提前還款的劣勢，還應考慮未來的財務需求和投資機會。如果你有更有價值的投資機會，例如投資股票、創業或其他投資專案，那麼將這筆錢用於提前還房貸，可能不是最明智的選擇。

另外，提早還房貸還會讓你失去抵稅的機會。在決定要不要提前還款、實現「無債一身輕」之時，你還需要考慮房貸其實可以扣抵一部分所得稅（按：依財政部規定，納稅義務人、配偶及申報受扶養親屬向金融機構辦理自用住宅購屋借款的利息支出，可以列舉扣除，每一個申報戶以一屋為限。扣除數額為當年度實際發生的利息，減去儲蓄投資特別扣除額後剩下的餘額，每年扣除額最高為新臺幣三十萬元）。

**●外部機會（O）**

根據當前的情況，提前還款的外部機會，主要是可以獲得更低的資金成本和收益。以中國為例，二〇二二年以來利率進入下行期，在這之前簽訂的房貸合約，利率比新簽訂的貸款利率更高，非常不划算。因此，提前還款，哪怕之後再借貸，利率都可能更低，從而獲得節省利息支出的好處。

此外，由於近年來理財和股市收益不佳，很多人資金留在手上，無法獲得比貸款利率更高的收益，所以選擇提前還款，也是資金效益最大化。

**●外部威脅（T）**

第一，有些優惠利率錯過可能就再也沒有了。前面提到，提前還款的主要原因在於諸多購房者購房時間點，均在房貸利率處於高點之時。然而，由於近年中國銀行業房貸利率實施LPR（貸款市場報價利率）轉換，使原本銀行貸款利率由固定利率轉換為市場浮動利率，但近年房貸利率不斷下行，很多都市前幾年的首購房貸利率高點一度達六．三％，後降低至四．三％。

而按照現階段的房貸利率變化趨勢，提前還款後再借款，不管是後續採用月還款額不變、縮減還款期限，還是還款期限不變、減少月還款額，任何一種對於降低還款利息成本都具有較大誘惑力。

但是，如果你貸款時剛好趕上房貸擴張的大環境，不僅當時的利率較低，還可以拿到很優惠的貸款利率。例如我首購貸款時，獲得的商業貸款利率是基準利率的七折，如果當時我選擇固定利率，貸款的利率只有三%左右。這時我還需要提前還貸嗎？

只要市場上能找到超過三%的無風險回報產品（例如長期的定期存款），提前還款就不划算了。

更何況首購的利率優惠政策，一旦提前還款就再也享受不到了。比方說我有個朋友，首購就買了間別墅，當時利率非常好，但隨著他生意越做越大、手上的資金越來越多，就覺得付利息給銀行太不划算，直接一次性提前還完，無債一身輕。

但過沒多久，他的生意擴張，需要資金，迫不得已又透過房產抵押的方式到銀行貸款，房子還是那間房子，但利率就比住房貸款高得多了。

第二，違約金也需要考慮。為了避免購房者提前還款，銀行的房貸合約裡往往會有相關條款。在決定提前還款前，一定要仔細研究這些特殊條款。有些房貸合約中可能包含提前還款的懲罰條款，這意味著如果提前清償貸款，你還需要支付額外費用，在這種情況下，若你決定提前還房貸，就需要把這些費用都算進來，才知道是否划算。

通常，在房貸沒有滿一年的情況下提前還款，銀行會收取一定的違約金。所以，請先諮詢銀行的提前還款政策，盡可能避開違約金。有些銀行在房貸滿一年後就不再收違約金，有些銀行則在二至五年。不過，也有些銀行隨時可以申請提前還貸，你得了解你所貸款的銀行採用哪種政策。

### 用SWOT分析法逐一列出，優缺點就更清晰了。

提前還款的主要觸發點，是當前利率比較低。但這畢竟是短期內的利率波動，除非你手上有較多餘款，而且無法找到更優質的投資標的，這時候確實可以提前清償貸款。但如果你手頭比較緊，還款後生活用款緊張，或長期來看可能會找到更好的投資專案時，就不應該因為短期內的利率波動，而決定提前還款。

生活中有很多選擇，是在非常複雜環境和條件之下做出決策。我們在討論決策之前，有個更重要的前提是，你是否能清晰、準確的量化你自己與世界，這是做出好決策的關鍵。這時，你可以根據自身的優勢和劣勢、外部的機會和威脅列出一張表格，從而更清晰掌握整體局勢，做出更好的選擇。

## 4 朋友找我借錢，該借嗎？人情債的成本

借錢，在人際關係中是非常敏感的話題。許多時候我們決定把錢借給朋友，主要是因為不好意思。

**借錢是典型的風險無限、收益有限的事情。對銀行來說，對外借貸存在巨大的風險和成本，需要透過抵押和高額利率彌補。但熟人之間的借貸，主要考慮的就是人情。**所謂的人情，到底值多少錢呢？

### 借錢給朋友的四種成本

第一是**資金成本**。如果你朋友要買房，找你借了十萬元，一年後如期還給你，看起來非常守約，也全額歸還了，是不是就兩清了呢？

我們這麼算算看：如果這十萬元不借給朋友，而是放到銀行裡，按照一年期定期存

款利率三％來計算，一年就是三千元的收益，而這些收益就是你因為朋友借款所產生的資金成本——時間產生的利息成本。

這三％叫無風險報酬率，是我不須承擔任何風險就能得到的回報。

第二是**風險成本**。如果你的朋友不是向你借款，而是向銀行借款，他是不可能以三％利率借到這筆錢的。為什麼？因為銀行需要考慮風險，哪怕提供了充足的擔保，銀行可能還是要收取六％的借貸利率。超出的三％稱為風險溢價，就是銀行承擔收不回來、逾期收回等一系列風險而要收到的金額。

第三是**機會成本**。我們先前講過機會成本，在經濟學中是放棄的其他機會之中代價最大的那一個。如果這筆錢你不借給朋友，可以做什麼？買銀行的理財產品，每年四％至一〇％的收益；買股票，可能收益二〇〇％，也可能全部虧損；拿來自己貸款買房，也許還能收益幾十萬元。你本來打算用這筆錢做的事，其可能的收益也就成了你借款給朋友的成本。

第四是**流動性成本**。許多人遇到朋友來借錢的情況時，最大困擾在於朋友知道自己的生活過得還可以，這點錢是拿得出來的，總不能說自己沒有吧！

相信我，別人找你借錢時一定都是考慮過你的支出能力。但你的支出能力不代表你願意支出。

你有能力買房、買車，就會把錢全部用於買房、買車嗎？你能支出每年歐洲旅行的費用，真的會每年都去嗎？其實你捨不得，對吧？因為生活中需要開銷的地方實在太多了。手中看似有閒錢，但那些閒錢是我們安全感的保障，以備不時之需用的，所以它不是閒錢。

如果**提供安全感保障的錢夠了，家裡還有「餘糧」，那才是真正的閒錢**。可是，幾個人能有這個閒錢？因此，這些閒錢能給你提供的安全感，也是你借錢出去的成本。

所以，什麼時候該借給別人錢？取決於你跟對方的人情關係。

每個人內心都有一把秤，秤的是你們的關係遠近、你們的信任程度。

每個人都有善心善念，對於自己願意真心付出的人，不用等到他開口，我們都會主動提供幫助，這是基於親友之間多年的熟悉與信賴。

當然，對方真的有急用時，這筆錢對他來說就是雪中送炭，所付出的人情成本也許是值得的。但是成本始終是成本，風險也始終都是風險。一旦借出資金，就一定會有無法收回的可能。

那麼，借與不借就是你的選擇；而一旦借出，還與不還，成了對方的選擇。

選擇的衡量，都是看這段關係在各自心中的價值。

文學家胡適在給友人的信中，曾如此寫道：「我借出的錢，從來不盼望收回。因為我知道我借出的錢總是一本萬利，永遠有利息在人間。」若能達到胡適的境界，借錢又何妨？

# 結語
# 所有糾結於選擇的人，內心早就有答案

讀到最後，你應該明白了：人生中諸多選擇，其實都是經濟學問題。因為**經濟學本身就是一門關於「選擇」的科學**。選擇在經濟學中如此重要，有時我們可以直接以它來定義經濟學。

一九三二年，英國經濟學家萊昂內爾．羅賓斯（Lionel Charles Robbins）在一篇論文中定義了經濟學，這也是學界第一次正式把稀缺資源的合理配置，當作經濟學的研究對象，至今仍有人閱讀和研究這篇文章。

羅賓斯是這樣說的：可供我們支配的時間有限。一天只有二十四個小時，我們必須在時間的不同用途之間做出選擇。我們既沒有永恆的生命，也沒有無限滿足需求的手段。無論我們轉向哪裡，只要選擇某一個東西，就必須放棄其他選項。如果轉換場景，你可能就會選擇其他東西。人的欲望不可能隨時隨地都被滿足，這是一種普遍狀態。

也就是說，羅賓斯認為經濟學是一門研究如何應對資源稀缺性的人類行為科學。這就是經濟學科的研究主體，即人們在應對資源稀缺問題時採用的方法與手段。

對大多數人而言，我們的選擇受限於我們手裡有多少錢，但即使是世界上最富有的人，他們的一天也只有二十四個小時。時間對世界上每一個人而言，都是稀缺的，所以我們不得不選擇。

正如經濟學家所說，我們都面臨著權衡取捨。因為我們生活在一個資源稀缺的世界。做選擇時，如果想要一個東西，就必須放棄一些其他的東西。我們的角色、我們的選擇以及我們的權衡取捨，就構成了經濟學的主體。

既然如此，當我學完經濟學，是不是就能找到選擇的答案了？

英國經濟學家約翰·凱因斯（John Keynes）曾說過，經濟學不是一種教條，它只是一種方法、一種思維的技巧，幫助擁有它的人得出正確的結論。換句話說，經濟學並不會給你答案。

**經濟學並不是預測未來的算命師，而是一種思維方式，它能幫你看透制度、法律、市場背後的經濟學邏輯，讓你以科學的方式權衡利益得失，從而幫助你做出最好的選擇。**但這個選擇只能由你自己做出。當你困擾時，不妨利用經濟學做個分析。當你權衡了所有利弊，也許就會恍然大悟，原來答案早已藏在心裡，你所需要的只是決心。

正如日本作家東野圭吾在《解憂雜貨店》一書裡寫道：「其實所有糾結做選擇的人，心裡早就有了答案，諮詢只是想得到內心所傾向的選擇。最終的所謂命運，還是自己一步步走出來的。」

國家圖書館出版品預行編目（CIP）資料

你漏財了！用錢致富的底層邏輯：漏財≠很會花。從消費到投資，有錢人想的、做的跟你哪裡不一樣！／謝宗博著. -- 初版. -- 臺北市：任性出版有限公司，2025.06
336 面；14.8×21 公分. --（issue；89）
ISBN 978-626-7505-74-8（平裝）

1. CST：經濟學　2. CST：理財

550　　114004056

issue 89

# 你漏財了！用錢致富的底層邏輯

漏財≠很會花。從消費到投資，有錢人想的、做的跟你哪裡不一樣！

作　　者／謝宗博
校對編輯／宋方儀
副 主 編／連珮祺
副總編輯／顏惠君
總 編 輯／吳依瑋
發 行 人／徐仲秋
會計部｜主辦會計／許鳳雪、助理／李秀娟
版權部｜經理／郝麗珍、主任／劉宗德
行銷業務部｜業務經理／留婉茹、專員／馬絮盈、助理／連玉
　　　　　　行銷企劃／黃于晴、美術設計／林祐豐
行銷、業務與網路書店總監／林裕安
總 經 理／陳絜吾

出 版 者／任性出版有限公司
營運統籌／大是文化有限公司
　　　　　臺北市 100 衡陽路 7 號 8 樓
　　　　　編輯部電話：（02）23757911
　　　　　購書相關諮詢請洽：（02）23757911 分機 122
　　　　　24小時讀者服務傳真：（02）23756999
　　　　　讀者服務E-mail：dscsms28@gmail.com
　　　　　郵政劃撥帳號：19983366　戶名：大是文化有限公司

香港發行／豐達出版發行有限公司 Rich Publishing & Distribution Ltd
　　　　　地址：香港柴灣永泰道 70 號柴灣工業城第 2 期 1805 室
　　　　　　　　Unit 1805, Ph.2, Chai Wan Ind City, 70 Wing Tai Rd, Chai Wan, Hong Kong
　　　　　電話：21726513　傳真：21724355　E-mail：cary@subseasy.com.hk

封面設計／林雯瑛　內頁排版／王信中
印　　刷／韋懋實業有限公司

出版日期／2025 年 6 月初版
定　　價／新臺幣 460 元（缺頁或裝訂錯誤的書，請寄回更換）
I S B N／978-626-7505-74-8
電子書 ISBN／9786267505731（PDF）
　　　　　　9786267505724（EPUB）